Peter Beyersdorf · Der Spaniel

Herausgegeben unter dem Patronat
des Verbandes für das Deutsche
Hundewesen e. V., 4600 Dortmund

Peter Beyersdorf

Der Spaniel

Der Cocker-Spaniel und die anderen
Spaniel-Rassen

Praktische Ratschläge
für Haltung, Pflege und Erziehung

5., überarbeitete Auflage
Mit 37 Abbildungen, davon 6 farbig

Verlag Paul Parey · Hamburg und Berlin

Die Kapitel „Ernährung" und „Gesundheit" wurden
von Dr. med. vet. Peter Brehm verfaßt.

Weitere Bände in der Reihe „Dein Hund"

Der Afghane · Airedaleterrier · Der Basset · Der Beagle · Bearded Collie · Berner Sennenhunde · Bernhardiner · Der Bobtail · Bouvier des Flandres · Der Boxer · Der Bullterrier · Der Cairn Terrier · Der Chihuahua · Der Chow-Chow · Collie und Sheltie · Der Dackel · Der Dalmatiner · Der Dobermann · Die Dogge · Foxterrier · Golden und Labrador Retriever · Greyhound · Große Münsterländer · Der Hovawart · Jack-Russell-Terrier · Der Kromfohrländer · Der Leonberger · Mischlingshunde · Der Mops · Neufundländer · Der Pekingese · Pinscher und Schnauzer · Der Pudel · Der Riesenschnauzer · Der Rottweiler · Der Deutsche Schäferhund · Schlittenhunde · Setter und Pointer · Der Shih-Tzu · Der Spitz · Terrier · Ungarische Hirtenhunde · West Highland White Terrier · Der Yorkshire Terrier · Dienst- und Gebrauchshunde · Dein Hund auf Ausstellungen · Dein Hund im Recht · Erziehung und Ausbildung des Hundes

Die Deutsche Bibliothek – CIP-Einheitsaufnahme

Der **Spaniel** : der Cocker-Spaniel und die anderen Spaniel-
Rassen ; praktische Ratschläge für Haltung, Pflege und
Erziehung / Peter Beyersdorf. [Die Kap. "Ernährung" und
"Gesundheit" wurden von Peter Brehm verf.]. – 5., überarb.
Aufl., 17. – 22. Tsd. – Hamburg ; Berlin : Parey, 1993
    (Dein Hund)
    ISBN 3-490-02819-8
NE: Beyersdorf, Peter

    1.– 7. Tausend 1977
    8.–10. Tausend 1982
    11.–12. Tausend 1985 (Neubearbeitung)
    13.–16. Tausend 1989
    17.–22. Tausend 1993 (Überarbeitung)

© 1993 Verlag Paul Parey, Hamburg und Berlin
Anschriften: Spitalerstraße 12, D-2000 Hamburg 1; Seelbuschring 9–17, D-1000 Berlin 42
Satz: Westholsteinische Verlagsdruckerei Boyens & Co., Heide/Holst.
Druck: Druck- + Verlagshaus Wienand, Köln
Umschlaggestaltung: Evelyn Fischer, Hamburg
Printed in Germany
ISBN 3-490-02819-8

Vorwort

Dieses Buch wendet sich an diejenigen, die ihre ersten Versuche mit einem Spaniel unternehmen. Es ist als ein Ratgeber gedacht, der Fehler vermeiden helfen soll, denn oft muß man bei seinem ersten Cocker Lehrgeld bezahlen für Fehler, die aus Unkenntnis im Umgang mit dem Hund gemacht wurden.

Die Ratschläge und Empfehlungen, die hier gegeben werden, sind freilich in erster Linie als allgemeine Anleitung gedacht. Im einzelnen Fall wird sich das eine oder andere Problem ganz anders – oder überhaupt nicht in der geschilderten Weise – stellen. Mancher Cocker-Freund wird sich von den Thesen dieses Buches bestätigt fühlen, manch anderer wird dem einen oder anderen aber auch widersprechen. Das ist gut so, denn ein verbindliches Patentrezept für Haltung und Erziehung des Spaniels gibt es zum Glück nicht.

Die Kynologen unter den Lesern mögen keine prinzipiellen Erkenntnisse erwarten; das war in diesem Zusammenhang und in diesem Rahmen nicht gewollt.

Wenn einige Cocker-Freunde jedoch verschiedene Tips annehmen und wenn sie ihnen bei Aufzucht und Haltung ihres Hundes von Nutzen sein werden, dann hat dieses Buch seinen Zweck erfüllt.

Die nun vorliegende 5. Auflage wurde wiederum kritisch durchgesehen, ergänzt und auf den neuesten Stand gebracht.

Hürth-Burbach, im Frühjahr 1993 Peter Beyersdorf

Inhalt

Abstammung und Erscheinungsformen

Der Cocker-Spaniel gehört heute mit zu den verbreitetsten und beliebtesten Hunden. Wer die „Hundeszene" in den Parks und Auslaufgebieten der großen Städte beobachtet, der stößt immer wieder auf den Cocker – und zwar in erster Linie auf den roten –, der Volksmund spricht vom „braunen" Spaniel.

Nur wenige machen sich dabei bewußt, daß der Spaniel eine *lange Tradition als Jagdhund* hat, daß es keineswegs nur den geläufigen Cocker-Spaniel gibt und daß es selbst unter den Cocker-Spaniels noch bemerkenswerte Unterschiede in der Farbe des Haarkleides gibt.

Die *Geschichte der Spaniels* reicht bis in die vorchristliche Zeit zurück. Auch wenn von daher noch keineswegs schlüssige Beweise auf die Existenz einer Hunderasse zu ziehen sind, die in direkter Linie zum Spaniel der heutigen Erscheinungsform führen, so bleibt doch festzuhalten, daß bereits auf einer Münze aus der Zeit des Vaters von Alexander dem Großen ein dem Spaniel ähnlicher Hund abgebildet war.

Auch bei den Vogelhunden, die in germanischen Gesetzestexten erwähnt werden, dürfte es sich mit einiger Sicherheit um spanielähnliche Jagdhunde gehandelt haben. Auf Abbildungen aus dem 15. Jahrhundert sind solche Vogelhunde zu sehen, deren lange, befederte Behänge die Nähe zum Spaniel belegen.

Auch wenn wir heute *England als das Mutterland der Spaniels* bezeichnen, so ist die Herkunft der Rasse nicht letztgültig geklärt. Eine Theorie besagt, daß der Spaniel – oder wie immer er zunächst genannt wurde – zusammen mit der Jagd mit dem Beizvogel aus dem Mittleren Osten nach Europa gekommen ist. Unstrittig ist indessen, daß in den Gesetzen Howels des Guten, einem König von Süd-Wales, der Spaniel bereits im Jahr 948 erwähnt wurde. Vor allem aber in Shakespeares „Sommernachtstraum" aus dem Jahr 1594 wird ein Spaniel zitiert.

Ebenso unsicher wie die Herkunft der Rasse selbst ist der *Ursprung des Namens Spaniel*. Auch da gibt es eine ganze Reihe von Theorien, die alle etwas für sich haben, aber letzten Endes nicht zu beweisen sind. Weder die Version, daß der Name auf das Land Spanien zurück-

Charaktervoller,
typischer Rüdenkopf

zuführen sei, noch die Annahme, daß der karthagische Begriff „span"
(= Kaninchen) die wahre Wurzel des Begriffs darstelle, ist ganz von
der Hand zu weisen. Weniger strittig ist indessen die Herkunft des
Wortes „Cocker". Hier sind sich die Experten weitgehend einig, daß
„woodcock", die Waldschnepfe, namengebend gewirkt hat. Dabei
wird gleichzeitig sichtbar, für welche Art der Jagd der Spaniel vor-
nehmlich auch in der Vergangenheit bestimmt schien.

In der heutigen Form ist der *Cocker-Spaniel seit 1893 bekannt.* Von
diesem Jahr an wurde er vom Kennel Club als eigenständige Rasse
geführt und mit einem gesonderten Standard, der genauen Typenbe-
schreibung, versehen. Voraus ging noch eine in England gebräuchliche
Unterscheidung in einen „Springer-Spaniel" und in einen „Cocking-
Spaniel", wobei der generelle Unterschied vor allem im Gewicht und in
der Größe lag. Daß der Spaniel nicht etwa eine Modeerscheinung
unserer Tage ist, zeigt sich auch daran, daß in Deutschland bereits im
Jahr 1907 der „Jagdspaniel-Klub" entstand. Bis zum heutigen Tage ist
dies der Rassehund-Zuchtverein, der sich um die Pflege, die optimale

Zucht und um die Betreuung der insgesamt acht Spaniel-Rassen kümmert.

Denn neben dem bekanntesten Vertreter der Spaniel-Familie, dem Cocker-Spaniel, gibt es noch *sieben weitere „Schläge"* (Rassen), die einem heute vor allem auf Rassehunde-Zuchtschauen begegnen. Es sind dies der amerikanische Cocker-Spaniel, der English-Springer-Spaniel, der Welsh-Springer-Spaniel, der Clumber-Spaniel, der Sussex-Spaniel, der Irish-Water-Spaniel und der Field-Spaniel.

Standard und Eigenschaften des Cocker-Spaniels

Der Cocker-Spaniel, wie wir ihn kennen, kam direkt von den Britischen Inseln auf den Kontinent. Vor allem Wales oder Devonshire gelten als Herkunftsgebiete des modernen Cocker-Typs. Bei der Schnepfenjagd erwies er sich als brauchbarer und nützlicher Helfer. Dank seiner Konstitution und seines Äußeren wurde er zu einem überaus geeigneten Stöberhund: Er kann sich überall dort durchsetzen, wo dem Vorstehhund Grenzen gesetzt sind. Dabei kommt dem Cocker seine feine Nase, sein Spur- und Suchwille immer wieder zugute.

Der Kynologe Villard charakterisierte den Cocker-Spaniel kurz und treffend: „Es gibt keinen angenehmeren, zahmeren, anhänglicheren und lebhafteren Hund als den Cocker; seine feine Psyche macht ihn außerordentlich interessant. In ihm sind Intelligenz, Gütigkeit und List gut vereinigt. Er gehorcht nicht aus Dienstbarkeit, sondern aus Ideengemeinschaft mit seinem Herrn, dessen Absichten er errät; seine Treue ist groß." Wahrscheinlich ist es gerade die hier beschriebene Mischung der Charaktereigenschaften, die den Cocker-Spaniel so beliebt gemacht haben. Dazu kommt das gefällige Äußere des Cockers, das auch im Standard des Kennel Clubs im einzelnen beschrieben ist. Danach ist der Cocker-Spaniel ein emsiger, kräftiger Jagdhund, der gut ausgewogen und kompakt erscheinen soll. Er soll die gleichen Maße vom Widerrist zum Boden wie vom Widerrist zum Rutenansatz aufweisen. Dies ergibt die erwünschte quadratische Form des Cocker-Körpers.

Die Widerristhöhe soll bei Rüden etwa 39 bis 41, bei Hündinnen etwa 38 bis 39 Zentimeter betragen. Ein fein gemeißelter Kopf mit ausgeprägtem Stop und kräftigem, quadratischem Fang gehört ebenso

Neuland

zum Erscheinungsbild des Cocker-Spaniels wie die hinreichend breite Nase. Die Augen sollen groß und leuchtend sein, braun oder dunkelbraun – aber niemals hell. Die Augenlider sollten fest anliegen, nicht zuletzt deswegen, damit dem Cocker bei der Arbeit in Dornen und Gestrüpp Verletzungen erspart bleiben. Die Behänge sind lappenförmig, in Höhe der Augen angesetzt, aus feinem Leder bestehend, das allerdings nicht zu lang sein und nicht über die Nasenspitze hinausreichen soll. Die Behänge sollen mit langem, seidigem und glattem Haar bedeckt sein. Der Hals des Cocker-Spaniels soll kräftig, muskulös und von mäßiger Länge sein; lose Kehlhaut (Wamme) ist nicht erwünscht. Der Hals soll elegant in eine schräg gestellte Schulterpartie eingefügt sein. Das kompakte, kräftige Erscheinungsbild zeigt sich vor allem auch in der Brustpartie. Ein tiefer Brustkorb, eine gut entwickelte Vorbrust prädestinieren den Cocker zur ausdauernden, harten Arbeit im Gelände. Starke, gerade Läufe mit einer guten Befederung dienen der Kraftentfaltung dieses kleinen Athleten. Der Körper soll daher kräftig, muskulös und kompakt sein. Eine kurze, aber kräftige Lendenpartie mit einer festen, allmählich zum Rutenansatz verlaufenden Außenlinie vervollständigen den Eindruck eines Hundes, der zu großer Kraftanstrengung fähig und willens ist. Die breite, muskulöse Hinterhand mit guten Winkelungen versetzt den Cocker-Spaniel in die Lage,

12

den notwendigen Schub in die Bewegung zu bringen. Das fördernde, raumgreifende Gangwerk ist ein weiteres Kennzeichen eines aktiven, gesunden und richtig entwickelten Cockers. Außerdem gehören dazu kleine, feste und dick gepolsterte Pfoten sowie eine geringfügig unterhalb der Rückenlinie angesetzte Rute, die in dauernder, fröhlicher Bewegung Temperament zeigen soll.

Das Haarkleid des Cockers ist ein Thema für sich. Der Standard fordert es anliegend und seidig beschaffen, niemals drahtig, wellig oder gar lockig. Leider erfüllen keineswegs alle Cocker-Spaniels diese Forderung, aber dennoch: Das so beschriebene Haarkleid ist die besondere Zierde des Cockers. Der Cocker ist *in vier Farbschlägen erlaubt*: Schwarz, Rot, Black and Tan (Schwarz mit lohfarbenen Abzeichen) sowie Mehrfarbig. Bei den Mehrfarbigen unterscheidet man Schwarz-Weiß, Orange-Weiß, Schwarz-Weiß mit Loh, Blauschimmel (eine Art schwarz-weiß gestromte Färbung) sowie Orangeschimmel, Blauschimmel mit Loh und Braunschimmel. Neuerdings werden häufig auch „sable"-farbene Cocker gezeigt, die unter dem Farbschlag „Andere Einfarbige" ausgestellt werden.

Die anderen Spaniel-Rassen

Die **Spaniel-Rassen** unterscheiden sich in ihrem Äußeren zum Teil so stark vom Cocker, daß der unbefangene Betrachter sofort nach verwandtschaftlichen Übereinstimmungen fragen wird. Die Kreuzungen der englischen Züchter, die zu den heute bekannten Rassen geführt haben, gingen generell davon aus, daß der Spaniel ein Jagdhund ist. Dies ist es auch, was alle acht Rassen miteinander verbindet, auch wenn natürlich einzuräumen ist, daß ihre Brauchbarkeit entsprechend den jeweiligen jagdlichen Anforderungen unterschiedlicher Art ist.

Der **amerikanische Cocker-Spaniel** unterscheidet sich vom englischen Cocker durch einige morphologische Charakteristiken. Sie betreffen vor allem die geringere Höhe und die Kopfform. Auch der Körper des amerikanischen Cockers soll kompakt, kurz im Rücken und quadratisch sein mit einer gut abfallenden Rückenlinie. Eine tiefe Brust sowie eine gut gewölbte Rippenpartie sind auch beim Amerikaner erwünscht, der im übrigen entgegen mancher Vermutung auch als Jagdhund mit ausgeprägtem Suchwillen in bestimmten Ländern geschätzt wird. Die Amerikaner erscheinen in den Farben Schwarz, Schwarz mit Loh, Blond sowie Mehrfarbig.

Der **Clumber-Spaniel** ist der massivste unter den acht Spaniel-Rassen. Von ihm wird berichtet, daß er seinen Namen von dem Schloß Clumber in Nottinghamshire erhalten habe und daß er aus der Zucht des Herzogs von Noailles stamme. Der Clumber weist einen massigen Körper mit geradem Rücken auf, hat sehr starkknochige Läufe und einen ebenfalls massigen Kopf mit kurzem, tiefem und quadratischem Fang. Er besitzt eine glatte, seidige Jacke mit zitronengelben Flecken auf weißem Grund.

Der **English-Springer-Spaniel** gilt als sehr alte Rasse, von der mit Ausnahme des Clumber sämtliche Jagdspaniels abstammen. Heute ist der jagdliche Einsatz des English-Springers sehr ähnlich dem des englischen Cockers, wobei festzustellen ist, daß er von seiner körperlichen Konstitution her in mancher Hinsicht noch leistungsfähiger ist als der Cocker. Auffallend beim English-Springer, der bis zu 50 cm hoch wächst und ein Gewicht von 24 kg erreicht, ist sein charakteristischer Gang: Der Hund bewegt sich oft im Paßgang fort. Auch beim English-Springer wird vom Standard ein kompakter Körper mit korrekten Winkelungen verlangt. Brust und Rippen sollen kräftig ausgeformt

Der amerikanische Cocker

14

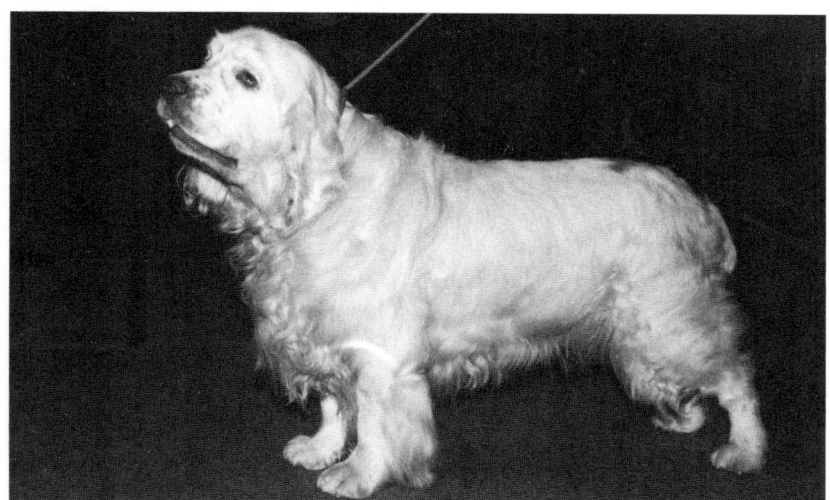

Der seltene Clumber

sein, die geraden und starken Läufe sollen von kräftigen Sprunggelen-
ken unterstützt werden. Meistens erscheint der English-Springer in den
Farben Braun-Weiß oder Schwarz-Weiß.

Der **Welsh-Springer-Spaniel** erscheint nur in der Farbe Rot-Weiß.
Er wurde offensichtlich aus Kreuzungen anderer Spaniel-Schläge für
spezielle Jagdbelange in Wales gezogen. Er gilt als unermüdlicher und
leistungsfähiger Arbeiter, der als sicherer Stöberhund sowie mit großer
Passion zum Wasser und zum Apportieren seine Freunde gefunden
hat. Der Welsh-Springer ist etwas kleiner und auch etwas leichter als
der English-Springer. Bei ihm sollen die Lenden leicht angezogen sein.
Die Ohren sind kürzer als bei anderen Spaniels, ihr Ansatz liegt höher
am Kopf.

Der **Sussex-Spaniel** erscheint wie ein Mittelding zwischen Clumber
und Cocker. Seine Herkunft ist die englische Grafschaft Sussex. Er gilt
als ein Stöberhund mit feiner und sensibler Nase, als aufmerksam und
arbeitswillig; dennoch wird er in der Jagd heute kaum mehr eingesetzt.
Auch in England gibt es heute nur mehr wenige Sussex-Spaniels. Im
Aussehen ist er fast so lang wie der Clumber, hat ebenfalls einen

English-Springer-Spaniel

schweren, fast massigen Körper und erreicht eine Höhe von etwa 40 cm. Sein Gewicht liegt bei etwa 20 kg. Als richtige Farbe der Jacke gilt ein kräftiges goldbraunes Haarkleid.

Der **Field-Spaniel** hat die gleiche Herkunft wie der Cocker. Gewisse Ähnlichkeiten sind auch nicht zu verkennen, wenngleich der Field-Spaniel länger im Rücken ist als der Cocker. In der Gesamterscheinung soll der Field-Spaniel den Eindruck eines ausgeglichenen, sportlichen, lebhaften und widerstandsfähigen Hundes machen. Er ist zur Jagd auf hartem Gelände geeignet, zeigt sich dabei als ruhiger Buschierer.

Der **Irish-Water-Spaniel** schließlich sieht am wenigsten so aus, als gehöre er zur Familie der Spaniels. Sein Ursprung ist nicht bekannt. Er wirkt wie eine Kreuzung aus Pudel und Irish-Setter, was zweifellos auch seine jagdliche Passion erklären könnte. Der Irish-Water-Spaniel ist mit mehr als 50 cm Widerristhöhe der größte unter den Spaniel-Rassen. In England gilt er als idealer Gebrauchshund für die Wasser-jagd. Seine Wasserfreude, die feine Nase und die Bringfreudigkeit

Eine Rarität:
Irish-Water-Spaniel

werden unterstützt vom Äußeren des Hundes: Sein Gebäude soll kräftig entwickelt sein, es wirkt tonnenförmig. Ein langer, trockener Kopf mit betontem Hinterhauptbein und mit einem langen Fang gibt dem Irish-Water-Spaniel sein charakteristisches Aussehen. Der Körper ist mit langen, leberfarbenen Locken bedeckt.

Sämtliche Spaniel-Rassen haben vom englischen bzw. amerikanischen oder irischen Kennel Club einen eigenen Standard erhalten. Die acht Schläge unterscheiden sich zum Teil erheblich allein im Äußeren voneinander. Dennoch gibt es gewisse Merkmale, die allen Spaniels gemeinsam sind – was schließlich auch ihre familiäre Zusammenfassung erklärt. Dazu gehören *das freudige, unkomplizierte und gutartige Wesen* in erster Linie, aber auch bestimmte anatomische Gemeinsamkeiten, die sie zur Arbeit als Jagdhunde befähigen. Diese gleichlautenden Merkmale machen auch deutlich, warum die acht Rassen ein gemeinsames Dach in der FCI-Gruppe 8 haben.

17

Wer sollte einen Spaniel kaufen?

Von den charakterisierten acht Spaniel-Rassen ist der Cocker weitaus am meisten verbreitet. Selbst den amerikanischen Cocker sieht man außer auf Ausstellungen seltener. Wenn wir uns in diesem Buch mit dem Spaniel auseinandersetzen, soll also in erster Linie der „normale" Cocker, wie ihn jeder kennt, gemeint sein, ausgenommen die Passagen, die für alle Spaniels gelten.

Jagdhund oder Begleithund

Dieser Cocker ist vor allem *als Begleithund* in den vergangenen Jahren so sehr in Mode gekommen, daß viele Besitzer und vor allem auch Interessenten darauf hingewiesen werden sollten: Hier handelt es sich zunächst um einen Jagdhund.

Dieser Hinweis ist deswegen so überaus wichtig, weil immer weniger Cocker ihrer Herkunft und ihrer Art entsprechend gehalten werden können. Der Cocker als freundlicher Begleithund ist zwar denkbar, weil sein gutmütiges Wesen ihn auch diese Lebensweise aushalten läßt. Ein fröhlicher Cocker im Sinne seiner vom Standard beschriebenen Möglichkeiten wird ein solcher Hund nicht immer sein.

Was soll damit gesagt werden? Zunächst einmal, daß jeder, der den Kauf eines Cockers erwägt, sich selbst, seine Lebensgewohnheiten, seine Umwelt und die Möglichkeiten überdenken muß, die er seinem temperamentvollen Hund bieten kann. Es ist nicht nur ein deprimierender Anblick, es grenzt aus meiner Sicht sogar schon an Tierquälerei, wenn man jene armen Spaniels an der Leine durch die Straßen trotten sieht, die nie einmal Wald oder freies Feld gesehen haben, die noch nie in ihrem Hundeleben die Gelegenheit zum Stöbern hatten, die außer Laternenmast und Hausecke keine Freiheit kennen und die schließlich in der Urlaubszeit, weil Herrchen und Frauchen auch einmal Erholung vom Hund brauchen, ein kümmerliches Leben in irgendeinem „Hundehotel" fristen müssen.

Wer nach kritischer Selbstprüfung zu dem Schluß kommt, daß das Leben seines Cockers so ähnlich aussehen wird, der sollte die Finger davon lassen. Bei ihm ist ein Cocker nicht gut aufgehoben, selbst wenn er ansonsten glauben mag, er sei dem Hund ein guter Herr.

Haus oder Etagenwohnung?

Der Cocker ist seiner Natur nach *gebündeltes, nur schwer unterdrückbares Temperament*. Er ist ein Hund mit einem stark ausgeprägten Bewegungsdrang. Eine halbe Stunde an der Leine empfindet der Cocker nicht als Bewegung. Er braucht am Tage ausreichend Zeit intensiver Bewegung, bei der er sich ausarbeiten muß. Er braucht Gelegenheit, seine Anlagen wenigstens im Ansatz hin und wieder zur Geltung kommen zu lassen. Das heißt, ein Cocker sollte auch hin und wieder stöbern können, er sollte seiner Wasserfreude nachkommen können, kurz: Er sollte Gelegenheit haben, seinen Arbeits- und Bewegungsdrang wenigstens einmal am Tage zu befriedigen. Nun kann man nicht verlangen, daß nur solche Menschen einen Cocker kaufen, die gewissermaßen die Haustür zum offenen Feld oder zum Wald hin haben. Selbstverständlich ist der Cocker ohne Schwierigkeiten in einer Stadtwohnung zu halten, wenn man sich immer der Tatsache bewußt bleibt, daß man eine ganz bestimmte Zeit jeden Tag aufwenden muß, um seinem Hund die lebensnotwendige Bewegung zu verschaffen.

Grundsätzlich sollte allerdings nur derjenige einen Cocker zu sich nehmen, der Gelegenheit hat, mit dem Hund ohne größere Schwierigkeiten zu einem *ausreichenden Auslaufgebiet* zu kommen. Der Gang um den Häuserblock, auch wenn er dreimal am Tag unternommen wird, reicht auf gar keinen Fall aus. Der Cocker muß sich auch frei bewegen können, und zwar nicht auf Asphalt, sondern auf natürlichem Boden und im freien Gelände. In vielen Großstädten gibt es inzwischen großräumige Hundeauslaufgebiete. Oft ist es auch möglich, mit seinem Hund in wenigen Minuten ins Freie zu fahren. Wer beides nicht kann, wäre mit dem Kauf eines Cockers schlecht beraten. Er sollte sich vielmehr nach einer Hunderasse umsehen, die nicht den typischen Bewegungsdrang und die Lust an der freien Bewegung hat wie gerade dieser Hund. Die Annahme ist sicherlich nicht verkehrt, daß heute ein erheblicher Prozentsatz der vielen Cocker-Spaniels falsch und nicht artgerecht gehalten wird. Diejenigen, die den Kauf eines Cockers erwägen, sollten daher wissen, was sie sich zumuten müssen und was sie ihrem Hund nicht zumuten können.

Um es noch einmal ganz deutlich zu sagen: Natürlich ist ein Cocker-

19

Spaniel in einer Stadt- oder Etagenwohnung zu halten, wenn man ihm die notwendige Bewegung regelmäßig tagtäglich gewährt. Ebenso natürlich ist es, daß ein Cocker in einem Einfamilienhaus mit Garten und großem Auslauf besser aufgehoben ist. Der Hund, der den ganzen Tag über an der Luft sein kann, der sich zwischen Wohnung und Garten frei bewegen kann, ist selbstverständlich besser dran als seine Genossen in Stadtwohnungen. Wenig nützt es einem Cocker allerdings, wenn er sich im gepflegten Garten wiederum nicht bewegen darf, weil Blumen oder Beete zerstört werden könnten. Mit diesem Hund müssen eben dann genauso ausreichende Spaziergänge in die freie Natur unternommen werden wie mit einem Etagen-Hund.

Es kann keinerlei Zweifel darüber bestehen, daß man im Einzelhaus mit einem Hund immer besser aufgehoben ist als in einer Mietwohnung. Der Hund, der niemals bellen darf, weil sich die Nachbarn gestört fühlen könnten, ist ein genauso armes Wesen wie der Hund, dessen Bewegungsterrain irgendwo zwischen Balkon und Wohnzimmer und maximal noch auf dem Weg zum Briefkasten abgesteckt ist. Da sich aber nicht jeder, der mit einem Cocker zusammenleben will, ein Haus kaufen oder mieten kann, müssen auch hier Kompromisse gefunden werden.

Bisher wurde ausschließlich von jenem Cocker gesprochen, der als Begleithund beliebt und attraktiv geworden ist. Von ihm war auch deswegen so ausführlich die Rede, weil diese Cocker mit großem Abstand die Masse der heute gekauften und gewünschten ausmachen.

Wer allerdings Gelegenheit hat, seinen Cocker-Spaniel in einem Hundeführer-Lehrgang ausbilden oder sogar für die Jagd vorbereiten zu lassen, der wird mit seinem vierbeinigen Gefährten viel Freude erleben. Denn der Wille zu lernen, auch schnell zu begreifen, ist beim Cocker stark ausgeprägt. Wer jemals gesehen hat, mit wieviel *Passion* ein Cocker im Revier arbeitet, der wird eher denjenigen glauben, die mit Nachdruck die Ansicht vertreten, dort im freien Revier, in der rassegerechten *Arbeit* liege die eigentliche Bestimmung des Cocker-Spaniels.

Die äußeren Umstände werden freilich die Cocker, die zur jagdlichen Arbeit ausgebildet und in der Hand des Jägers vorbereitet werden, immer in der Minderzahl sein lassen. Das muß man der Rasse wegen bedauern, zu ändern ist es zweifellos nicht.

Weil das aber so ist, muß man auch dem Umstand Rechnung tragen, daß der Cocker-Spaniel heute ein *völlig anderes „Image"* bekommen hat, als es sich die Züchter im Mutterland vor Jahrzehnten haben

Nach ausgelassenem Spiel

träumen lassen. Inzwischen weiß man durch vielerlei Erfahrung, daß der Cocker auch ein überaus liebenswerter und angenehmer Begleithund ist. Das kann und darf aber nicht bedeuten, daß man ihm durch eine entsprechende Haltung die rassetypischen Eigenschaften und Anlagen langsam, aber sicher abgewöhnt.

Vater und Sohn

21

Der Kauf eines Cockers

Wenn alles über die Eigenschaften des Cockers bisher Gesagte gründlich bedacht wurde, wenn sodann immer noch die Überzeugung besteht, man könne es einem so gearteten und so strukturierten Hund mit aller Gewißheit recht machen, dann wird man sich näher mit dem eigentlichen Kauf eines Cocker-Spaniels beschäftigen dürfen.

In aller Regel sind davor jedoch noch einige Dinge zu bedenken, die man unter gar keinen Umständen vergessen sollte, will man sich *späteren Ärger ersparen*. Dazu gehört für alle diejenigen, die in Mietwohnungen leben, die vorherige *Genehmigung des Vermieters*, einen Hund halten zu dürfen. Meistens ist in den Mietverträgen ein genereller Passus enthalten, wonach die Hundehaltung in der Wohnung verboten ist. Dann ist eine Rücksprache mit dem Vermieter oder dem Hauswirt unbedingt erforderlich. Und wenn er seine Zusage gegeben hat, so sollte dies auf alle Fälle im Mietvertrag niedergelegt werden. Was man schwarz auf weiß hat, ist immer besser und sichert einen für die Zukunft ab.

Darüber hinaus kann es nicht verkehrt sein, schon vorher mit den Nachbarn einmal in aller Ruhe über die Absicht zu sprechen, einen Hund als neuen Hausgenossen einzuführen. Wer einfach vor die vollendete Tatsache gestellt wird, könnte sich leichter über „ruhestörenden Lärm" beklagen als jemand, der über den „Familienzuwachs" bereits Bescheid weiß und der dann auch daran denkt, daß ein junger Hund schon auch einmal bellt oder weint.

Wenn die Erlaubnis zum Halten eines Hundes nicht gegeben wird, kann man dagegen nichts tun. Kein Vermieter kann zu einem solchen Einverständnis gezwungen werden. Deshalb also lohnt es sich, rechtzeitig Klarheit zu haben.

Sicherheit sollte aber auch innerhalb der Familie darüber bestehen, ob man wirklich einen Hund haben will oder ob dieser Wunsch nicht nur einer augenblicklichen Laune entspringt. Das gilt vor allem, wenn Kinder sich „unbedingt" einen Hund wünschen. Hunde generell und Cocker-Spaniels speziell sind *kein Spielzeug für Kinder*, die irgendwann wie eine Puppe oder wie ein Auto in die Ecke gestellt und vergessen werden können. Auch wenn der Cocker als gutmütiger und manchmal auch besonders kinderfreundlicher Hund gerühmt wird, so sind doch Zweifel angebracht, ob er gerade für kleinere Kinder, die noch nicht das Gefühl dafür haben, wann sie einem Tier Schmerzen zufügen, der geeignete Kamerad ist.

Wer sich klargemacht hat, daß mit dem Kauf eines Cocker-Spaniels eine lange Zeit gemeinsamen Lebens, einer eindeutigen Verantwortung für den Hund begonnen hat, wer sich also nicht scheut, *Zugeständnisse an die eigene Bequemlichkeit* zu machen, der allein sollte sich letztlich zum Kauf entschließen. Glauben Sie vor allem denjenigen nicht, die da meinen, so viel Arbeit mache der Hund ja gar nicht, man merke ihn in der Wohnung kaum. Er macht selbstverständlich Arbeit, er erfordert und verlangt zu Recht Zeit für sich, und er wird, wenn er ein gesunder Hund ist, hoffentlich nicht unmerklich in irgendeiner Ecke der Wohnung still liegen.

Welche Farbe soll er haben?

Wer sich schließlich für einen Cocker-Spaniel entschieden hat, sollte auch in etwa wissen, welchen *Farbschlag* er möchte. Er hat die Auswahl aus den Ein- und den Mehrfarbigen.

Oft ist es natürlich so, daß – vor allem bei den Mehrfarbigen – gerade das nicht zu bekommen ist, was man sich eben in den Kopf gesetzt hat. Dann muß man entweder warten, bis sich eine Gelegenheit bietet, oder aber man läßt sich vom Charme eines anderen Welpen so gefangennehmen, daß man entgegen den ursprünglichen Absichten doch einen anderen Hund kauft. Niemals sollte man sich aber einen jungen Hund aufschwatzen lassen. Auch der Hinweis auf alle möglichen Vorzüge kann schließlich nicht jene notwendige spontane Sympathie ersetzen, die man beim Kennenlernen seines künftigen Cockers spüren muß.

Für ernsthafte Interessenten mag es zunächst schwer sein, an die richtige Adresse beim Hundekauf zu kommen. Die Versuchungen sind ja auch groß: In Schaufenstern oder in Kaufhäusern sieht man immer wieder jene niedlichen und zugleich bemitleidenswerten Welpen, an denen man eigentlich als Tierfreund gar nicht vorbeigehen kann. Sie sollten aber daran vorbeigehen, wenn Sie sich Kummer und Verdruß ersparen wollen.

Welpenbeschäftigung

Bei wem kauft man den Welpen?

Die richtige Adresse ist in jedem Fall ein *Züchter und ein Cocker-Spaniel-Zwinger*, der vom *Jagdspaniel-Klub e. V.* oder einem anderen dem „Verband für das Deutsche Hundewesen" angeschlossenen Verein anerkannt ist. Wer einen Cocker aus einer solchen anerkannten Zucht kauft, hat die Garantie, daß er einen sorgfältig und verantwortungsbewußt aufgezogenen Hund erhält. Das betrifft die richtige Ernährung des Welpen ebenso wie die unbedingt notwendigen Schutzimpfungen oder das für die Gesundheit des Hundes so wichtige Kapitel des Entwurmens. Wer keinen Spaniel-Zwinger kennt, der mache sich die Mühe und frage beim Jagdspaniel-Klub nach. Immer wird er eine befriedigende Antwort erhalten, zumindest aber einen Hinweis, wohin er sich sinnvollerweise zu wenden habe. Auch der Verband für das Deutsche Hundewesen (VDH) in Dortmund ist immer bereit, Interessenten für einzelne Rassen weiterzuvermitteln. Das richtige Alter für den Kauf eines jungen Cockers liegt bei etwa acht bis zehn Wochen. Früher dürfen die jungen Hunde nicht abgegeben werden. Auch das unterscheidet den verantwortungsbewußten Züchter im übrigen von denjenigen, die Hunde für den Handel „produzieren": Je früher sie zum Kauf in Schaufenstern angeboten werden, desto leichter können sie das Mitleid des Passanten erregen. Vier bis sechs Wochen alte Cocker-Welpen sind in solcher Umgebung keineswegs eine Seltenheit.

Wer schließlich beim Züchter einen Cocker kaufen will, der muß in aller Regel wenigstens 700 Mark oder mehr dafür bezahlen. Vielen erscheint diese Summe immer wieder zu hoch, zumal man anderwärts doch auch schon für die Hälfte einen Cocker erstehen könne. Nun, ein Cocker-Spaniel aus einer guten Zucht hat in den acht bis zehn Wochen, die er in seinem Zwinger aufgewachsen ist, wertvolle und teure Nahrung für die Aufzucht erhalten; das Entwurmen ist darüber hinaus ebensowenig kostenlos wie die Grundimpfungen durch den Tierarzt. Im übrigen kann es für die Entwicklung auf der „Hundeszene" nur gut sein, wenn die *jungen Hunde nicht zu Schleuderpreisen* angeboten werden. Je teurer ein Hund ist, desto sorgfältiger wird sich mancher überlegen, ob er die Anschaffung riskiert – und desto weniger Hunde werden dann im Sommer zur Ferienzeit irgendwo ausgesetzt oder landen im Tierheim.

Die richtigen Papiere

Jeder, der auf ordnungsgemäße Papiere, also auf eine vom VDH anerkannte *Ahnentafel* Wert legt, muß seinen Hund bei einem VDH-Züchter erwerben. Das werden vor allem solche Interessenten sein, die später vielleicht einmal selbst züchten wollen, oder auch diejenigen, die mit ihrem Hund zu einer Zuchtschau gehen wollen. Grundsätzlich ist jedem Hundebesitzer zu empfehlen, daß er sich einen Hund mit einer anerkannten Ahnentafel kauft.

Daß die Züchter so nachdrücklich darauf hinweisen, bei ihnen allein habe der Käufer mit großer Wahrscheinlichkeit einen guten Griff getan, hat schon seinen guten Grund. Die Sorgfalt, die der Züchter bei der Aufzucht seiner Welpen aufwendet, die Mühe und auch die Kosten sind so erheblich, daß gewissermaßen eine „Erfolgsgarantie" mitgegeben werden kann.

Im übrigen haben die Interessenten bei einem Züchter immer auch die Möglichkeit, die Elterntiere kennenzulernen oder zu sehen, in welcher Umgebung und unter welchen Bedingungen der junge Hund aufgewachsen ist. Zwar hat es kein Züchter gern, wenn nur Neugierige und Schaulustige dauernd durch seinen Zwinger gehen wollen, nur „um mal eben zu schauen". Wenn er aber wirkliches Interesse spürt, wird sich kein Züchter dem Wunsch verschließen, auch einmal seinen Zwinger und die anderen Tiere besichtigen zu lassen. Weigert er sich strikt gegen ein solches Ansinnen, dann seien Sie mißtrauisch: Er könnte etwas zu verbergen haben.

Blauschimmel

Man kann ohne Zweifel auch einen *älteren Cocker kaufen*, wenn einem die Welpenzeit und die weitere Aufzucht zu anstrengend und nervenaufreibend erscheinen sollten. Niemand sollte aber vergessen, daß die ersten Monate des Kontakts zwischen Hund und Mensch von großer Bedeutung sind. Vor allem in der Zeit, wenn der junge Cocker aus seinem heimatlichen Zwinger-Verband ausscheidet, ist er gewillt, sich dem Menschen als seinem neuen „Leittier" anzuschließen. Es gibt Theorien, wonach ein Cocker, der älter als 18 bis 20 Monate ist, sich nicht mehr so völlig an einen neuen Herrn gewöhnen könne. Das muß aber keineswegs so sein. Für den optimalen Kontakt ist es sicher am besten, wenn der Cocker etwa im Alter von 10 Wochen in seine neue Umgebung kommt. Ganz abgesehen davon würden Sie manche frohe Stunde versäumen, wenn Sie die Aufwachsphase Ihres Cockers nicht erlebten.

Rüde oder Hündin

Oft wird die Frage gestellt, was denn für die Haltung in der Wohnung günstiger sei – *Rüde oder Hündin*. Darauf ist eine verbindliche Antwort nicht möglich. Ganz falsch ist allerdings die prinzipielle Aussage, daß Hündinnen anhänglicher seien als Rüden. Es gibt unzählige Beispiele dafür, daß Cocker-Rüden dieselbe Anhänglichkeit zeigen, wie

sie vor allem von Hündinnen erwartet wird.

Cocker-Spaniel – nach getaner Arbeit

Natürlich zeigt ein Rüde bisweilen einen etwas anderen Charakter. Er erweist sich oft als unabhängiger, mancher spricht auch von „stolzer". Mit seiner Treue oder mit seiner Anhänglichkeit hat dies aber in der Tat überhaupt nichts zu tun.

Der Käufer sollte sich also zunächst einmal die Frage stellen, ob er eventuell später selbst einmal züchten will. Dann wird es sinnvoll sein, wenn er sich eine Hündin anschafft. Wer eine Hündin haben möchte, der muß sich im klaren darüber sein, daß die eine oder andere Unannehmlichkeit damit verbunden ist. Zweimal im Jahr bekommt die Hündin ihre *Hitze*: Eine Woche lang ist sie im Entstehen, eine weitere ist sie auf dem Höhepunkt, und eine dritte Woche nimmt sie wieder ab. Diese Zeiten muß der Besitzer einkalkulieren; sie bringen gewisse Mühen mit sich. Nicht zuletzt ist in dieser Zeit darauf zu achten, daß nicht ungebetener Rüdenbesuch zu noch weniger erwünschtem Nachwuchs führt.

Immer wieder wird in diesem Zusammenhang die Auffassung vertreten, man könne die Hündin ja unbesorgt rechtzeitig vor der Hitze beim Tierarzt spritzen lassen, damit die Läufigkeit ausbleibe. Dies ist in der Tat möglich, nur scheint aufgrund aller tierärztlichen Erkenntnisse dies keine gute Lösung zu sein. Vielmehr heißt es, daß durch solche Spritzen der Hormonhaushalt der Hündin – sofern die Impfung regelmäßig vor jeder Hitze gegeben wird – so nachhaltig durcheinandergebracht wird, daß gesundheitliche Schädigungen ernsthafter Natur nicht ausgeschlossen werden können. Tatsächlich sollte man die Entscheidung rechtzeitig treffen und seinen Hund dann der Natur entsprechend leben lassen; auf alle Fälle sind solche Impfungen manipulative Eingriffe, die von der Natur nicht gewollt sind und die Folgen haben können.

Diese Sorgen hat der Besitzer eines Rüden nicht. Er muß allerdings darauf achten, daß sein Hund nicht, vom Duft einer läufigen Hündin verführt, alle gute Erziehung vergißt und sich für eine gewisse Zeit auf Freiersfüßen absetzt.

Insgesamt gilt, daß die *wesensmäßigen Unterschiede* zwischen Rüden und Hündinnen gering sind. Generelle Aussagen über Anhänglichkeit oder Häuslichkeit sind nicht zu machen; immer wird auch der persönliche Kontakt beim Verhalten des Cockers eine Rolle spielen, unabhängig davon, ob es sich um einen Rüden oder um eine Hündin handelt.

Hundesteuer

Derjenige, der nun nach langem Überlegen und nach sorgfältiger Wahl sich für einen Cocker-Spaniel entschieden hat, sollte von Anfang an noch einige Punkte beachten, die ihm Ärger ersparen helfen. Zunächst einmal muß nach den geltenden Bestimmungen für jeden Hund eine *Hundesteuer* entrichtet werden. Der Steuersatz liegt in den Städten und Gemeinden unterschiedlich hoch. Für die Anmeldung ist in aller Regel das Ordnungsamt einer Gemeinde zuständig. Wer seinen Hund nicht meldet, begeht nicht etwa ein Kavaliersdelikt, sondern er macht sich der Steuerhinterziehung schuldig. Da die Behörden in diesem Punkt meistens wenig Spaß verstehen, sollte man seinen neuen Hausgenossen alsbald anmelden.

Überaus leichtsinnig wäre es, würde ein Hundebesitzer es versäumen, eine *Haftpflichtversicherung* für sein Tier abzuschließen. Eine solche Versicherung deckt alle Schäden, die ein Hund Nicht-Familienmitgliedern zufügen kann. Das fängt an bei zernagten Taschen und hört auf bei der oft zitierten Hose des Briefträgers – obwohl es sich hierbei fraglos noch um harmlosere Vorfälle handelt. Wer aber daran denkt, welche schweren persönlichen und materiellen Schäden beispielsweise bei einem vom eigenen Hund verursachten Verkehrsunfall eintreten können, dem wird die dringende Notwendigkeit einer sol-

Adel und Würde

chen Haftpflichtversicherung für den Cocker sofort einleuchten. Es wird sinnvoll sein, sich vor Abschluß einer Versicherung bei den verschiedenen Gesellschaften über die Höhe der Jahresprämie zu informieren, weil es da bisweilen erhebliche Unterschiede gibt. In aller Regel dürften die Sätze für die Versicherung eines Cocker-Spaniels etwa zwischen 70 und 100 Mark im Jahr liegen. Das ist nicht wenig; es wiegt aber gering, wenn man sich vorstellt, was an Schadenersatzansprüchen auf einen zukommen könnte.

Zur Aufzucht des Cocker-Spaniels

Der Käufer, der seinen Cocker-Spaniel aus einem anerkannten Zwinger erworben hat, kann davon ausgehen, daß sein Hund mit viel Aufmerksamkeit, mit Mühen, Sorgfalt und Liebe sowohl von der Hündin als auch von den Züchtern in den ersten Lebenswochen aufgezogen wurde. Diese Sorgfalt darf nach dem Wechsel aus dem Zwinger in die neue Umgebung nicht plötzlich aufhören, im Gegenteil. Da der Hund von einer Stunde zur anderen in eine völlig neue, ihm noch ganz unbekannte Umgebung verpflanzt wird, ist es notwendig, die weitere Aufzucht mit *Verständnis und Einfühlungsvermögen* fortzusetzen.

Die neue Umgebung

Man sollte sich immer vergegenwärtigen, daß dieser Wechsel für den jungen Cocker einen *tiefen Einschnitt* bedeutet. Mit einem Male wird er von seiner Mutter und von seinen Geschwistern getrennt, plötzlich fehlen ihm die vertrauten Spielkameraden und die gewohnte Umgebung. Es gibt Cocker, bei denen die Umgewöhnung schnell geht, und es gibt solche, bei denen es länger dauert. Niemals sollte man versuchen, etwas zu erzwingen. Wohlbefinden und Freude an der neuen Heimat entstehen nicht auf Kommando, sondern müssen von den neuen Herrchen behutsam geschaffen werden. Das erfordert Verständnis nicht zuletzt dafür, daß das neue Familienmitglied kein Mensch ist, sondern eben ein Hund, und auch ein solcher bleiben will.

Am schnellsten wird die *Umgewöhnungszeit* vergehen, wenn Sie dem jungen Cocker all das zukommen lassen, was er braucht. Das sind regelmäßige Futterzeiten, viel Schlaf, frische Luft und ausreichende, freie Bewegung. Aber Vorsicht: Ein junger Cocker sollte nicht auf Gewaltmärschen überfordert werden. Es wäre grundverkehrt, mit einem drei Monate alten Cocker stundenlange Gänge unternehmen zu wollen. In seiner Zwingerumgebung war er bis dahin auch nicht in dieser Weise gefordert. Er konnte zwar herumtollen, soviel er wollte, aber er konnte sich auch die Pausen so wählen, wie es ihm guttat.

Korrekter Stand

Selbstverständlich kann man einem älter werdenden Cocker im Laufe der Zeit auch mehr zumuten. Es wird der Tag kommen, da er auf den *Spaziergängen* weniger schnell ermüdet als Herrchen oder Frauchen; dann hat er wenig Verständnis dafür, daß die schöne Runde schon wieder zu Ende sein soll. Bis es aber soweit ist, sollte man auf die Konstitution des jungen Cockers unbedingt Rücksicht nehmen.

Oft wird auch davor gewarnt, den heranwachsenden Cocker zu viel *Treppen* steigen zu lassen. Diese Warnung hat gewiß etwas für sich. Insbesondere sollte vermieden werden, daß der junge Hund Treppen abwärts geht, weil dies eindeutig zur Überlastung von Bändern und Sehnen führen kann. Das gilt etwa für das erste halbe Lebensjahr des Hundes; später ist alles nicht mehr so problematisch, aber auch dann sollte das Treppensteigen nicht zur bevorzugten Bewegungs- und Betätigungsart des Cockers werden.

Der Stammplatz

Wichtig ist für die Zeit des Ein- und Umgewöhnens, daß der Cocker von Anfang an seinen *festen, unverrückbaren Platz* in der Wohnung

31

hat. Der Hund ist tatsächlich ein Gewohnheitstier. Er würde nicht begreifen, warum sein Körbchen oder sein Platz einmal an dieser Stelle und dann wieder anderswo vorgesehen ist. Das Lager, das für den jungen Cocker-Spaniel ausgewählt wurde, sollte an einem geschützten Ort sein, wo nicht der übliche Wohnungsbetrieb dauernd den schlafenden Hund stört. Vor allem aber sollte das Körbchen an einem zugfreien Ort stehen. Nichts ist ungesünder und für den Hund selbst lästiger als ein zugiges Lager. Er würde sich dort auf die Dauer nicht wohlfühlen, ganz abgesehen davon, daß für Augen und Nieren in besonderer Weise ein zugiges Lager schlecht wäre. Es gibt inzwischen Hundekörbe, die auf Beinen oder Untersätzen etwas oberhalb des Fußbodens angelegt sind. Dies ist zweifellos eine sinnvolle Lösung, da sich in kaum einer Wohnung irgendwelche Zugluft ganz vermeiden läßt. Es sollte überdies ein Platz sein, der dem jungen Hund dauernd den Sichtkontakt mit der Familie ermöglicht. Cocker sind nicht gern ausgesperrt. Sie eignen sich daher auch überhaupt nicht zur Haltung etwa in der Hundehütte auf dem Hof. Anders sieht es selbstverständlich in einem großen Zwinger aus. Dort können die Cocker nur gemeinsam in ihren Boxen in einem gesonderten Haus oder Raum leben. Aber bei Einzelhunden oder auch dort, wo zwei oder drei Cocker mit der Familie zusammenleben, bedeutet dies in des Wortes eigentlicher Bedeutung ein *Zusammen-Leben zwischen Mensch und Hunden.*

Für den Hundekorb gilt es noch zu beachten, daß unter keinen Umständen schaumstoffgefüllte Kissen oder Unterlagen darin sein sollten. Vor allem junge Cocker haben einen ganz natürlichen Knabber- und Nagetrieb, der in kürzester Zeit solche Einlagen zu Fetzen werden läßt. Nichts wäre schädlicher, als wenn der junge Hund nun die Schaumstoffeinlage auch noch fressen würde. Dasselbe gilt natürlich auch für andere Kunststoffe. Deswegen sollte dem jungen Hund niemals Plastikspielzeug gegeben werden.

Genauso wichtig wie der einmal festgelegte Platz in der Wohnung ist auch die *Regelmäßigkeit beim Fressen.* Der Hund sollte sein Futter immer zu gleichbleibenden Zeiten erhalten. Dasselbe gilt schließlich für die Spaziergänge; auch dabei sollte dem Cocker eine gewisse Regelmäßigkeit geboten werden, zumal gerade das regelmäßig Wiederkehrende in der Erziehung des jungen Hundes eine ganz wesentliche Rolle spielt.

Ein Cocker wird nur schwer begreifen, wenn er von seinen gewohnten und liebgewordenen Bräuchen abgehen soll. Wenn es nur irgend

Jetzt geht's los!

möglich ist, sollte man ihm das ersparen. Was das Spazierengehen betrifft: Nach seinen Mahlzeiten sollte der Cocker keine großen Unternehmungen machen. Er braucht die Zeit zum Verdauen, und dabei will er ruhen. Ansonsten sollte gerade der junge Hund eher einmal öfter als zu wenig aus dem Haus gelassen werden. Stundenlanges Aushalten ist für die Blase des Junghundes ebensowenig gut wie für seine Nieren.

Der aus seinem Familienverband herausgerissene junge Hund braucht Ersatz für seine bis dahin liebste Tätigkeit, das Spielen. Niemand kann und darf erwarten, daß quasi über Nacht aus dem drolligen, verspielten kleinen Welpen ein vernünftiger Wohnungshund wird. Er wird immer versuchen, nach der unmittelbaren Eingewöhnungsphase Ersatz für seine Tollereien und wilden Spielereien zu finden. Deswegen muß man ihm gerade am Anfang viel Zeit widmen, muß seinem Spieltrieb nachkommen – nicht zuletzt mit dem *pädagogischen Hintergedanken*, dem jungen Hund bei dieser Gelegenheit gleich spielerisch die Rangfolge in der neuen Zusammengehörigkeit zu verdeutlichen.

33

Die Erziehung

Dieses Kapitel ist für jeden wichtig, der die Freude an seinem Hund nicht frühzeitig verlieren will – deswegen nämlich, weil der Hund beim besten Willen nicht gehorchen will. Vorweg und ganz pauschal gesagt: Wenn das eintritt, ist niemals der Hund schuld, sondern immer der Mensch, der seinen Hund nicht konsequent erzogen hat.

Das wichtigste Stichwort in diesem Zusammenhang lautet *Konsequenz*. Es ist zugleich der Schlüssel für alles, was im jahrelangen Zusammenleben mit dem Cocker auf einen zukommt. Hier geht es um die Erziehung des Cocker-Spaniels zum angenehmen und liebenswerten Hausgenossen. Der Cocker gilt zu Recht als ein *sensibler und aufmerksamer Hund*; deswegen darf seine Erziehung niemals ungerecht sein – er würde es nicht verstehen und wahrscheinlich ganz anders reagieren, als es sein Herrchen gewollt hat. Wenn der Cocker einmal gemerkt hat, daß Sie es eigentlich gar nicht so ernst gemeint haben, wenn Sie sich nachdrücklich mit ihm auseinandersetzen, dann wird er diese Schwäche immer wieder auszunutzen verstehen. Anders ausgedrückt: Immer muß der Cocker den Eindruck haben, daß Herrchen oder Frauchen allein der Chef ist und daß sich Auseinandersetzungen und Kraftproben grundsätzlicher Art für ihn nicht lohnen.

Daraus folgt auch, daß keine *erzieherische Maßnahme*, worum auch immer es sich handeln möge, auf halbem Wege oder unverrichteter Dinge abgebrochen werden sollte. Auch wenn es manchmal schwerfällt, man muß Geduld aufbringen, sonst erkennt der Cocker diese Schwäche umgehend und wird sie schamlos auszunutzen versuchen.

Die konsequente Erziehung beginnt schon einmal damit, daß man den Cocker-Welpen *an seinen Namen zu gewöhnen* beginnt. Nicht immer wollen die neuen Besitzer nämlich jene phantasievollen Namen übernehmen, die auf den Ahnentafeln erscheinen. Mit einem Male wird aus einem „Limelight vom . . ." ein ganz einfacher „Sammy". Dagegen ist gar nichts zu sagen. Nur muß der junge Cocker von seinen neuen Besitzern gleich vom ersten Tag an ausschließlich seinen neuen Rufnamen hören.

Zwingerdasein

Kein Freifahrtschein für Sessel oder Bett

In engstem Zusammenhang mit der Gewöhnung an den festen Platz stehen die Bemühungen, dem Cocker das *Springen auf Sessel oder Sofa* zu verbieten. Das gilt natürlich nur dann, wenn jemand seine Sitzgelegenheiten nach Möglichkeit frei von Hundehaaren haben will. Wem es gleichgültig ist, ob der Cocker sein Lager mal auf dem Sessel, mal in der Sofaecke aufschlägt, der braucht sich der Mühe gar nicht erst zu unterziehen. Dem Cocker klarzumachen, daß er auf diesen herrlichen Sitzgelegenheiten nichts zu suchen hat, ist nicht ganz einfach. Manch einer hat den Ausweg gefunden, seinem Hund nun einen ganz bestimmten Sofaplatz oder einen bestimmten Sessel zuzugestehen, indem er beispielsweise eine Decke dort ausbreitet. Im Prinzip ist dies natürlich ein Kompromiß, der vom Cocker gern angenommen wird, der aber nicht konsequent ist.

Dieses Problem stellt sich noch dringlicher, wenn es um das *Bett* geht. Kaum ein anderer Platz in der ganzen Wohnung – die Küche vielleicht ausgenommen – ist für den Cocker anziehender und reizvoller als das Bett. Hier kann man alles schon in der ersten Nacht des Zusammenseins für alle Zeiten verderben.

35

Gewiß wird der kleine Welpe in der ersten Nacht fern seiner gewohnten Umgebung „weinen"; er fühlt sich einsam, kennt die neue Umwelt noch nicht, hat sich mit seinen neuen Leuten noch ebensowenig abgefunden wie mit dem Platz, der ihm zugewiesen wurde. Also wird er jammern, natürlicherweise.

Diese Probe ist ganz wesentlich und wichtig für die weitere Entwicklung. Werden Herrchen oder Frauchen nämlich jetzt „schwach", übermannt sie das Mitleid mit dem armen Kleinen und holen sie ihn zum Trost in das Schlafzimmer, ist es in den meisten Fällen ein für allemal geschehen. Der Kleine wird zwar sehr schnell ruhig sein und sich in das für ihn Unvermeidliche fügen, er wird aber in der nächsten und in den folgenden Nächten keineswegs jene Vernunft zeigen, die von seinem naiven Herrchen vielleicht erwartet wird. Er wird nämlich nicht denken, da ist schon jemand und ich brauche keine Angst zu haben, sondern er wird – logischerweise – denken, daß es dort im Schlafzimmer eigentlich recht angenehm war und daß man sich offenbar nur entsprechend rühren müsse, um dorthin zu kommen.

Nun ist es zweifellos jedermanns eigene Sache, ob er einen Hund im Bett haben will oder nicht. Sicher ist, daß man dem nur aus dem Weg gehen kann, indem vom ersten Tag an das Schlafzimmer für den Cocker „tabu" ist und man ihn vielleicht auch einmal eine Nacht lang jammern läßt. In der zweiten oder spätestens in der dritten Nacht wird er die Vergeblichkeit seines Tuns bemerken und sich *in das offenbar Unvermeidliche fügen*.

Fressen – aber nicht bei Tisch

Ein anderer wesentlicher Punkt der Erziehung betrifft die *Freßgewohnheiten* unseres Cockers. Es bereitet keine prinzipiellen Schwierigkeiten, einen Cocker dahin zu bringen, daß er nicht am Tisch bettelt. Man muß den Hund gar nicht aussperren, wenn Menschen essen. Wichtig ist nur, daß er sein Fressen bereits bekommen hat, wenn sich die Menschen an den Eßtisch setzen, denn sonst wäre es eine arge Folter für ihn, müßte er quasi mit knurrendem Magen die Wohlgerüche aus der Küche und vom Teller ignorieren. Für viele Menschen sind am Tisch *bettelnde Hunde* etwas Unerträgliches. Man muß es in der Tat so weit gar nicht erst kommen lassen, zumal sich ein solcher Hund in einem Restaurant oder bei einem Hotelaufenthalt kaum großer Beliebtheit erfreuen dürfte. Es ist dem Cocker mit Geduld durchaus klarzuma-

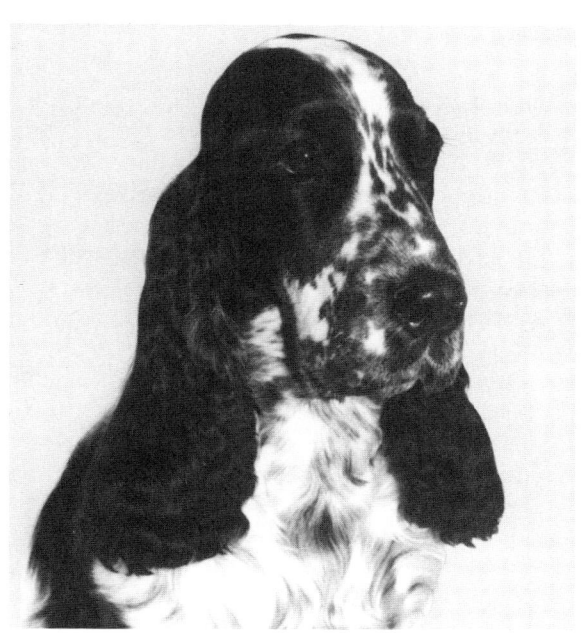

*Prächtiger
Blauschimmel-
Rüde*

chen, daß er am Tisch nichts zu suchen hat. Diejenigen, die das Betteln mit der sprichwörtlichen Freßsucht der Cocker zu entschuldigen versuchen, haben es meistens versäumt, ihren Hund rechtzeitig zu erziehen.

Deswegen sollte ein Cocker auch nicht von unvernünftigen Menschen zum Naschen verführt werden. Man tut dem Hund wenig Gutes, wenn man ihm hier und da mal ein Häppchen zusteckt; irgendwann meint er, das müsse so sein, und er wird alsbald seinen Happen fordern. Ausreichend und vernünftig ernährt braucht der Cocker keine zusätzlichen Leckerbissen – und schon gar nicht vom Teller der Familienmitglieder. Ein in diesem Sinne erzogener Cocker wird auch nicht lästig, wenn einmal *Besuch ins Haus* kommt. Die Gäste müssen nicht dauernd den traurigen Blick des bettelnden Hundes mit ansehen und dann doch schwach werden, wenn der Hund von klein auf dazu erzogen wurde, beim Essen nicht dauernd um den Tisch zu streichen.

Gehorchen lernen

Konsequente Erziehung ist auch notwendig, wenn es um das *Gehorchen in der freien Natur* geht. Was beim Fressen letztlich eine Untugend ist, die dem einen mehr und dem anderen weniger mißfällt, das wird draußen vielleicht zur Lebensnotwendigkeit für unseren Cocker. Ein Hund nämlich, der im entscheidenden Augenblick nicht gehorcht, gerät leicht in Lebensgefahr. Es kann schon *Schwierigkeiten* geben, wenn der Cocker auf dem Spaziergang *im Wald* nicht gehorcht. Ein stöbernder, außer Rufweite seines Herrn vielleicht sogar hetzender Hund ist dem Forstpersonal nicht nur ein Ärgernis; im ungünstigsten Fall kann (und darf) ein solcher Hund erschossen werden. Ob das gerechtfertigt ist oder nicht, spielt dann keine Rolle mehr. Solange der Cocker also nicht hundertprozentig auf das Kommando – sei es nun der Ruf oder der Pfiff – hört, sollte man ihn *im Wald* auch *nicht frei laufen lassen*. Eine lange Leine ist dann sicher geeignet, mit dem Hund die Gehorsamsübungen anzufangen.

Überall dort, wo Straßen und Autoverkehr in der Nähe sind, gerät ein nicht sofort gehorchender Hund in unmittelbare Lebensgefahr. Das gilt keineswegs nur für die Straßen der Städte oder gar der Innenstädte; dort sollte ein Hund ohnehin niemals frei laufen dürfen. Aber auch im Freien, wo Straßen in weiterer Entfernung verlaufen, kann es schon einmal passieren, daß dem Cocker ein allzu verführerischer Duft in die Nase steigt und er alle guten Vorsätze vergißt. Wenn dann die Erziehung nicht so nachdrücklich war und das Temperament mit unserem Hund durchgeht, kann der Ausflug in der Tat tödlich enden.

Der auf *Ruf oder Pfiff* sofort reagierende und gehorchende Hund ist also keineswegs eine unterwürfige Kreatur, die alles Eigenleben aufgegeben hat. Für den Hund selbst ist solcher Gehorsam in unserer Zeit eine Lebens- und Überlebensgarantie.

Bis es soweit ist, wird allerdings in aller Regel einige Zeit vergehen, in der Sie vielleicht verzweifeln mögen, weil Ihr Hund ganz offenbar überhaupt nichts begreift oder weil er einfach nicht hören will.

Falsch ist es jedoch, den Hund zu schlagen, wenn er von seinem überlangen Ausflug endlich stolz zurückkommt. Wenn auch mit Zähneknirschen, so muß man doch in diesem Fall *gute Miene zum bösen Spiel machen* und seinen Hund loben, daß er „brav" gekommen ist. Sicher reagiert jeder Hund ein wenig anders auf die verschiedenen Erziehungsmethoden. Und sicher dauert es auch bei dem einen länger

Mutter und Sohn: zwei Schimmel

als beim anderen, bis er begriffen hat, was er tun darf und was nicht. Generell aber kann man ohne Einschränkung sagen, daß gerade der Cocker sehr bald weiß, was er darf und wann er ungehorsam war. Das merkt man ihm auch an, wenn er von einer allzu ausgedehnten Unternehmung zurückkommt. Die Unbefangenheit der ersten Tage oder Monate ist schnell vorbei; er weiß ganz genau, wann er „überzogen" hat.

Gehorsam beim Kommen ist nicht nur lebenswichtig für den Hund, es kann auch die gemeinsame Freude an den Spaziergängen erheblich vergrößern. Nichts ist schlimmer als ein Hund, den man andauernd aus Leibeskräften rufend in seine Nähe bringen muß. Wenn er dann schließlich doch nicht gehorcht, kann der ganze Spaß am Spazierengehen vorbei sein. Mit einem guterzogenen Cocker aber zu gehen, den man unbesorgt auch frei laufen lassen kann, weil er, wenn nötig, sofort hört, gehört zum Schönsten, was man sich selbst und seinem Hund antun kann.

An der Leine und „bei Fuß"

In diesem Zusammenhang ist immer wieder davon zu hören, daß Cocker generell *an der Leine ziehen.* Das Spazierengehen könne mit einem Cocker gar keinen Spaß machen, weil er seinem Herrchen oder Frauchen fast den Arm herausreiße. Nun, da verhält es sich im Prinzip ganz genauso wie mit dem Gehorchen: Alles ist eine Frage der Erziehung. Von klein auf muß der Cocker beigebracht bekommen, „bei Fuß" zu laufen, an der Leine natürlich und ohne zu ziehen. Genausowenig, wie der Hund ziehen soll, sollten allerdings auch Sie ihn nicht an der Leine ziehen. Dies kann schnell zu *Bänderschäden* führen, die leicht ein schlechtes Gangwerk bewirken.

Im übrigen gilt für das Erlernen der *Leinenführigkeit* dasselbe, was auch für die ganze übrige Erziehung des Cockers gilt: Haben Sie viel Verständnis, versetzen Sie sich, so gut es geht, in das „Seelenleben" des Hundes, loben Sie immer mehr, als Sie tadeln – denn gerade der Cocker reagiert auf Lob sehr positiv, er will von sich aus alles machen, was Sie erfreut. *Schlagen* sollte man einen Cocker grundsätzlich nicht, wenn man ihn erziehen will. Dies ist eine für diese Rasse völlig *ungeeignete Methode,* zumal der Cocker eher handscheu würde – und nichts ist deprimierender als ein handscheuer, sich dauernd duckender Cocker, der seiner Natur nach fröhlich (*„merry"* sagen die Engländer treffend!) sein sollte.

Das soll nicht heißen, daß die Erziehung nicht konsequent und streng sein sollte. Aber Schläge sind meistens nur ein Zeichen mangelnder Geduld oder Ratlosigkeit. Wer sich die Mühe nicht machen will, dem Hund die Autorität und die Überlegenheit des zweibeinigen Meuteführers als wichtigstes und wirksamstes Erziehungsmittel zu demonstrieren, der sollte die Hände von einem Hund im allgemeinen und von einem Cocker im besonderen lassen.

Alle Erziehung sollte grundsätzlich spielerisch begonnen und weitergeführt werden. Die geringsten Fortschritte müssen mit Lob honoriert werden. Wichtig ist auch, daß innerhalb des Erziehungsprozesses für denselben Vorgang immer dieselben Worte und Befehle verwendet werden. „Sitz!" ist etwas anderes als „Platz!", „Komm!" kann nicht dasselbe bedeuten wie „Bei Fuß!" und so weiter. Der Cocker verbindet sehr schnell mit einem bestimmten Wort eine bestimmte Aufgabe. Er wird sie unvollkommen oder gar nicht lösen können, wenn der *Befehl* nicht *eindeutig* und immer gleichbleibend gegeben wird.

*Blauschimmel-
Zuchtgruppe*

Und vor allem: Niemals darf man dem Cocker bei der Erziehung etwas durchgehen lassen, was ihm verboten wurde. Das würde ihn so sehr irritieren, daß es mit einiger Gewißheit einen Rückschlag in der Erziehung gäbe.

Zur Erziehung des Hundes gehört auch, ihm beizubringen, daß er einmal eine Zeit lang *allein in der Wohnung* sein muß. Das soll zwar nicht häufig vorkommen, aber hin und wieder, etwa auch auf Reisen in Hotelzimmern, kann es schon notwendig sein. Nochmals sei freilich gesagt, daß sich niemand einen Hund anschaffen sollte, der von vornherein weiß, daß er ihn jeden Tag soundsoviel Stunden allein lassen muß. Ein permanent eingesperrter Hund kann nur ein trauriger Hund werden. Denn jeder Hund ist gesellig und *leidet* unter *Alleinsein* und *Einsamkeit*. Wer gar *berufstätig* und alleinstehend ist und niemanden zum Beaufsichtigen seines Hundes hat, dem muß dringend davon abgeraten werden, und zwar im Interesse des Hundes selbst.

Wenn es aber einmal notwendig ist, den Cocker allein zu lassen, dann ist das ohne Risiken nur möglich, wenn er es von klein auf gelernt hat. Man kann es sehr gut üben, indem man den kleinen Kerl erst einmal nur wenige Minuten allein in der Wohnung läßt, ihn dann überschwenglich lobt, wenn er diese wenigen Minuten ohne Jammern und Bellen brav überstanden hat. Man kann die Intervalle dann lang-

41

sam, aber stetig vergrößern, immer wieder den Hund lobend, wenn er sich ruhig verhalten hat, und ihn keineswegs strafen, wenn es nicht sofort geklappt hat. Mit Geduld und viel Liebe ist es ganz gewiß möglich, dem Cocker beizubringen, daß Herrchen „ganz bestimmt gleich wiederkommt" und daß er solange „schön brav im Körbchen liegt". Wenn man seinen Cocker für längere Zeit allein läßt, so sollte er vorher unbedingt Gelegenheit gehabt haben, sich zu lösen. Auch sollte frisches Wasser in seinem Napf sein und genügend frische Luft in der Wohnung. Den Cocker allein zu lassen, sollte jedoch die Ausnahme sein für den Fall, daß es sich anders nicht regeln läßt. Wer große Freude an einem bewegten Nachtleben hat oder seine Abende regelmäßig in Kneipen zu verbringen pflegt, sollte sich jedenfalls keinen Cocker-Spaniel anschaffen; der hätte nämlich gar nichts davon.

Stubenreinheit

Ein wichtiges Kapitel, das auch in den Bereich „Erziehung" fällt und das immer wieder großen Ärger in der Öffentlichkeit bereitet, ist die *Sauberkeit unseres Hundes.* Das fängt damit an, daß man dem Welpen erst einmal Stubenreinheit beibringen muß. Bekanntlich hat es bisher noch jeder normal gehaltene Hund gelernt, sich dort zu lösen, wo es sinnvoll und möglich ist. Dieser Lernprozeß ist für den Welpen deswegen nicht ganz einfach, weil er seine Ausscheidungsorgane noch nicht sofort unter Kontrolle hat. Es kann also durchaus des öfteren passieren, daß das „Geschäftchen" des Kleinen in der Wohnung landet. In diesem Fall ist ein energisches „Pfui!" sehr sohl angebracht; gleichzeitig muß dem Welpen aber klargemacht werden, wohin er in einem solchen Fall des inneren Dranges denn zu gehen hätte. Nur mit diesem konstruktiven zweiten Schritt wird die Erziehung zur *Stubenreinheit* sinnvoll. Ganz und gar verkehrt, ja verhängnisvoll wäre es, würde man – wie man es früher schon mal hören konnte – den Hund dadurch erziehen wollen, daß man seine Nase in den See oder in das Häufchen steckt.

Deswegen muß man dem Welpen *häufiger* die *Gelegenheit* geben, *sich zu entleeren.* Nur dann kann man mit Fug und Recht erwarten, daß er bald selbst weiß, was er zu tun und wohin er dann zu gehen hat. Und wenn man mit seinem Cocker nach draußen geht, sollte man von Anfang an darauf achten, daß er sich nicht sofort vor die Haustür oder auf den Gehweg setzt. Wer in der Stadt wohnt, sollte seinen Hund in

Makellose Black and Tans

den *Rinnstein* führen. Er wird überraschend schnell begreifen, daß er sich nur dort lösen darf und nicht zum Ärger der Passanten mitten auf dem Bürgersteig. Es ist schon eine *Rücksichtslosigkeit*, wenn man seinem Hund nicht jene Grundbegriffe der Reinlichkeit beibringt.

Das in den letzten Jahren eher gespanntere und kompliziertere Verhältnis zwischen Hundehaltern und Hundegegnern vor allem in den Großstädten hat eine wesentliche Ursache im gedankenlosen und rücksichtslosen Verhalten derjenigen, die ihrem Hund nie beigebracht haben, wo er sich, ohne andere zu belästigen, lösen darf.

Der Umgang mit Besuch und Kindern

Das oft ungebärdige Temperament des jungen Cockers verführt ihn immer wieder dazu, seiner Freude über einen bekannten Menschen dadurch Ausdruck zu geben, daß er ihn stürmisch anspringt. Das mag für einen verständnisvollen Hundefreund amüsant sein, für andere wieder ist es lästig. Das muß man als Cocker-Besitzer respektieren, 43 und man muß dafür sorgen, daß der Hund noch im jugendlichen Alter diese „Unart" ablegt. Auch hier genügt es, mit Geduld an die Sache heranzugehen. Der Cocker begreift bei einem strengen „Pfui!" auch hier sehr bald, daß er einen Fremden nicht anspringen darf. Ob man, gleichsam als Notlösung, dem Cocker *auf die Hinterpfoten treten* soll, wenn er gerade hochspringen will, wage ich zu bezweifeln. Auch dies ist eine der Theorien, die sich zwar über Generationen halten, die aber in der Zwischenzeit auch nicht glaubwürdiger geworden sind.

Der Umgang mit Kindern ist, wie bereits angedeutet wurde, *nicht immer ganz unproblematisch*. Der Cocker gilt zwar zu Recht als ein gutmütiger und geduldiger Hund, aber auch für ihn ist die Grenze dort erreicht, wo das Zusammensein mit Menschen zur Qual für ihn wird. Das kann bei Kindern relativ leicht der Fall sein, weil sie nur selten ein Gefühl dafür haben, wie weit sie gehen können, ohne dem Hund weh zu tun. Das Ziehen an den langen Spaniel-Ohren gehört für kleine Kinder ebenso zum „Spielen" wie der Versuch, einmal auf dem Hund zu reiten und ähnliches mehr. Damit ist der Cocker natürlich bald nicht mehr einverstanden; er wird sich seiner Haut wehren. Dieses dem Cocker austreiben zu wollen oder ihn gar dafür zu bestrafen wäre verkehrt. Ganz abgesehen davon könnte es der Cocker auch nicht begreifen, wenn er dafür gestraft würde, daß er sich gegen Quälereien gewehrt hat. Nicht grundsätzlich kann man also in den Fällen zum Kauf eines Cockers raten, wo kleine Kinder zur Familie gehören oder wo die Eltern meinen, sie müßten den Kindern einen Cocker als Spielzeug schenken. Dafür ist der Cocker-Spaniel denkbar ungeeignet, wobei andererseits aber auch gesagt werden muß, daß der Cocker bei gerechter und liebevoller Behandlung ein *unzertrennlicher Freund und Begleiter* von Kindern werden kann. Auch hier ist es also in erster Linie dem Geschick und der pädagogischen Fähigkeit der Menschen aufgegeben, den richtigen Weg zu finden. Niemals darf der Cocker auch im Zusammenleben mit Kindern ungerecht oder unlogisch behandelt werden. Er würde es zwar hinnehmen, aber nicht verstehen können.

„Jeder erzieht sich den Hund, den er verdient!" – so lautet eine alte Weisheit, die viel für sich hat. Wer später von seinem Cocker tyrannisiert wird, und das kann auch passieren, der ist tatsächlich selber schuld. Jeder Cocker lernt und will lernen. Gehorchen ist für ihn keine Überwindung, sondern ein selbstverständlicher Bestandteil des Zusammenlebens mit dem *Meuteführer Mensch*. Der Cocker wird dankbar alles annehmen, was sein Herrchen von ihm verlangt – wenn

Ein vollendetes Portrait

es auch nur einigermaßen sinnvoll und vernünftig im Sinne der Erziehung ist.

Was man freilich in den ersten Wochen und Monaten versäumt, kann man später nur schwer nachholen. Bestimmte Gewohnheiten verfestigen sich so stark im Bewußtsein eines Cockers, daß sie kaum mehr zu verdrängen sind. Dessen sollte sich jeder bewußt sein, der in der Welpenzeit meint, man könne ruhig mal „fünfe gerade sein lassen". Der Cocker vergißt das bestimmt nicht, und für ihn bleiben dann eben zwei mal zwei immer fünf. Das muß, wie gesagt, nicht so sein. Wer seinen Hund mit Liebe und dem richtigen, *hundegerechten Verständnis* erzieht, der wird mit dem erwachsenen Hund auch immer Freude haben.

Die Haarpflege des Cockers

Wenn Ihnen jemand erzählen sollte, die Pflege des Cockers mache „überhaupt keine Arbeit", seien Sie mißtrauisch. Sie macht Arbeit, und bisweilen sogar eine ganze Menge. Denn allein die schönen, langen *Bauchfahnen* und die *Befederung* an den Läufen bedürfen einer regelmäßigen Pflege. Es gibt Cocker-Besitzer, die der Einfachheit halber diese spezielle Zierde des Hundes abschneiden mit der Begründung, alles sei dann viel einfacher, und im übrigen bleibe der Hund im Dickicht nicht dauernd hängen. Das ist sicher richtig; nur ist zu fragen, ob derjenige, der so argumentiert, unbedingt einen Cocker-Spaniel haben muß.

Wer sich für diese Rasse entschieden hat, sollte die damit verbundenen Verpflichtungen auf pflegerischem Gebiet nicht ablehnen.

Baden

Aber fangen wir mit dem Wichtigsten an: dem *Baden*. Immer wieder werden gerade die Besitzer von schwarz-weißen Cockern gefragt, wie oft sie denn ihren Hund in die Badewanne stecken müßten, um ihm sein schönes (weißes) Fell zu erhalten. Die Antwort kann nur lauten: *am liebsten nie!* Aller Schmutz von der regennassen Wiese verliert sich nach dem Abtrocknen durch Bürsten von ganz allein. Kaum etwas schadet dem Haarkleid des Cockers mehr als häufiges Baden. Man sollte den Welpen überhaupt nicht baden, und auch für den erwachsenen Hund ist allergrößte Zurückhaltung mit der Badewanne zu empfehlen. Wenn es aber schon einmal unumgänglich ist, zum Beispiel wenn sich Ihr Cocker in Aas oder Kot gewälzt hat und übelriechend nach Hause kommt, dann verwende man unter keinen Umständen Toilettenseife, da sie der Haut und dem Haar das schützende Fett entzöge. Es gibt für solche Fälle Trockenshampoo für Hunde oder ein Tierschaumbad, das auf die besonderen Bedürfnisse des Hundefells zugeschnitten ist.

Als Grundregel gilt also, daß der Cocker nur gebadet werden sollte, wenn eine Reinigung – oder auch eine Desinfizierung – anders nicht möglich ist. Es ist erstaunlich, wenn man sieht, wie oft ansonsten wasserfreudige Cocker, die keinen Bach und keinen See auslassen, auf einmal *Scheu vor Wasser* bekommen. Das Baden gerät fast zum *Drama*, der Hund stellt sich an, als solle er massakriert werden.

Ist ein Bad jedoch unumgänglich, dann ist unbedingt darauf zu achten, daß der Cocker hinterher sorgfältig trockengerieben wird. Auch sollte der Hund unter keinen Umständen in zugigen Räumen liegen. Es ist nämlich ein prinzipieller Unterschied zwischen einem in der Wanne verordneten Vollbad und einem Sprung ins Fluß- oder Seewasser in der Natur. Dort ermöglicht die anschließende Bewegung ein natürliches Trocknen.

Üblicherweise genügen jedoch *Kämmen und Bürsten* für die Reinigung des Felles. Als gute Hilfsmittel haben sich immer wieder die Gummi-Noppen-Bürste, eine Bürste aus langem Naturhaar und Kämme mit unterschiedlich eng angeordneten Zähnen erwiesen. Vor allem an die grobe Vorarbeit an den Behängen oder an den Fahnen sollte man mit einem nicht zu engen Kamm herangehen; es würde dem Cocker nur unnötige Qualen verursachen. Für die Feinarbeit dann empfiehlt sich der „*Spratt's*"-Kamm Nr. 6; wer seinen Hund zum ersten Male durchkämmt, wird nicht für möglich halten, was alles an totem Haar zu entfernen ist.

Der Cocker sollte öfter gebürstet und gekämmt werden; seine langen Haare können vor allem im Bereich der Achselhöhlen leicht verfilzen. Am besten läßt man es gar nicht erst so weit kommen und nimmt sich wenigstens zweimal in der Woche die Zeit, seinen Hund gründlich durchzubürsten und zu kämmen.

Die „Jacke" – das typische Kennzeichen

Grundsätzlich gilt für die „Jacke" des Cockers: Schneiden und Scheren sind verboten. Das seidig-glänzende, mittellange Haar des Cockers ist sein ganz typisches Kennzeichen; der *Standard* verlangt es ausdrücklich. Daß gelegentlich auch prämiierte Hunde dieser Anforderung nicht gerecht werden, kann niemanden von der Verpflichtung entbinden, gerade auf die einwandfreie, natürliche Jacke besonderen Wert zu legen.

Häufiges Bürsten und Kämmen, vor allem in den ersten Lebensmonaten des Cockers, sind eine Voraussetzung für das schöne, natürliche Haarkleid.

47

Wer die Geduld verliert und etwa noch im Welpenalter mit der *Schere* an die Jacke des Cockers herangeht, der wird sich nicht wundern dürfen, wenn er später immer wieder Ärger und neue Arbeit mit dem Fell hat. In der Zeit des Haarwechsels, also rund nach neun Monaten, verliert der Cocker sein Welpenfell. Jeder wird diese Entwicklungsphase in seiner Wohnung recht drastisch zu spüren bekommen. Überall setzen sich die feinen Hundehaare fest; wer einen schwarz-weißen Cocker hat, der sieht auf seinem Teppich täglich einen Film weißer Haare.

Jetzt spätestens ist der Zeitpunkt gekommen, wo wir für die Haarpflege des Cockers ein wenig mehr Zeit aufwenden müssen. Es geht nämlich darum, das tote Welpenhaar *auszuzupfen* oder *auszubürsten*. Das Auszupfen besorgt man am besten mit zwei *Gummifingerlingen*, die in jedem Bürowarengeschäft zu kaufen sind. Der Hund merkt von dieser Prozedur kaum etwas und läßt es sich meistens sogar recht gern gefallen. Auch am Kopf sollte man nicht schneiden oder gar rasieren, sondern nach Möglichkeit – vor allem, wenn die Haare noch nicht allzu fest sitzen – zupfen. So kann man den Cocker-Kopf sehr schön herausmodellieren, ohne daß der Hund künstlich bearbeitet wirkt.

Selbstverständlich gibt es aber auch Stellen, an denen es ohne den sparsamen und sorgsamen Gebrauch der *Effilierschere* nun einmal nicht geht. Das ist einmal am Kopf die Partie unmittelbar über dem Ansatz der Behänge, die möglichst glatt und schmal sein sollte. Dies gilt ferner für die Rute, an deren Ende sich bald Locken bilden, wenn man die wachsenden Haare nicht entfernt. Solche Lockenpracht an der Rute wirkt im übrigen für das Erscheinungsbild ebensowenig attraktiv wie das sogenannte Krönchen auf dem Kopf, das mancher Cocker-Besitzer partout nicht entfernt wissen will.

Auch auf der Innenseite der Behänge darf die Schere benutzt werden, weil dort die Haare auch gern wuchern und die Gehörgänge von der notwendigen frischen Luft abschneiden.

Neben diesem wichtigen praktischen Effekt hat dieses Verfahren noch den Vorteil, daß die *Behänge* schöner anliegend fallen und dem Cocker ein eleganteres Aussehen geben. Wichtig ist es auch, die *Pfoten* regelmäßig zu beschneiden. Die bei manchen Leuten überaus beliebten „Pantoffeln" mögen zwar ganz originell sein, schön sehen sie aber wirklich nicht aus. Dazu kommt, daß unbeschnittene Pfoten den Cocker beim Laufen ganz erheblich behindern und sogar sein schönes, federndes und elastisches Gangwerk verderben können. Auch lassen

*Der typische
Cocker-Ausdruck*

sich nicht beschnittene Pfoten weniger leicht pflegen; Herbstgras-Milben in den Sommermonaten oder festgesetztes Streusalz im Winter sind nur zwei von vielen Möglichkeiten, wie der Cocker durch ungepflegte Pfoten zu Schaden kommen könnte. Grundsätzlich gilt zwar, daß dem Cocker *ein wenig mehr Haar besser* ansteht als zu wenig; dort aber, wo es seinem Wohlbefinden eindeutig abträglich ist, wo es nicht darum geht, den Hund für eine Ausstellung „zurechtzutrimmen", da muß mit Wissen und mit Verstand Haarpflege betrieben werden. Wie man das richtig macht, weiß natürlich niemand, der sich zum ersten Male mit einem Cocker beschäftigt. Der *„Jagdspaniel-Klub e. V."* sowie die anderen VDH-Vereine und ihre Anlaufstellen geben in diesem Punkt allen „Anfängern" und Interessenten erschöpfende Auskünfte.

Wer sich an diese Adressen wendet, hat vor allem den Vorteil, daß sein Hund dem Standard der Rasse entsprechend behandelt und gepflegt wird. Es hat schon Cocker gegeben, die vom Zurechtmachen zurückkamen und aussahen wie Pudel. Diese Hunde beziehungsweise ihre Besitzer waren an Salons geraten, die nicht speziell und spezifisch den Cocker zurechtzumachen verstanden.

49

Mit dem Cocker in den Urlaub

Auf die Schwierigkeiten des längeren Alleinseins eines Cockers ist bereits in anderem Zusammenhang hingewiesen worden. Wer regelmäßig den ganzen Tag über außer Haus sein muß oder wo Herrchen und Frauchen arbeiten und sich über Stunden nicht um den Hund kümmern können, da sollte man von der Anschaffung eines Cockers unter allen Umständen absehen. Ein kurzes Gassi-Gehen vor der Arbeit und ein vielleicht etwas längerer Spaziergang danach genügen weder dem Bewegungsdrang eines Cockers, noch entsprechen sie dem sozialen Verhalten des Hundes, der das Alleinsein am wenigsten liebt.

Was hier für das tägliche Zusammensein mit dem Cocker gesagt wird, gilt in spezieller Weise auch für die *Urlaubszeit*. Immer wieder kann man hören, daß sich Cocker-Besitzer Gedanken machen, wo sie in der Urlaubszeit ihren Hund am günstigsten „unterbringen" können. Dieser Gedankenansatz scheint mir jedoch schon falsch zu sein. Die Überlegung sollte vielmehr sein, wie man einen Urlaub gestalten könne, an dem der *Hund teilnehmen* und an dem er sich *mitfreuen* kann.

Es kann gar kein Zweifel darüber bestehen, daß es für den Cocker das allergrößte Vergnügen und die größte Freude ist, wenn er mit in den Urlaub fahren kann. Wird es auch noch ein Urlaub, der mit viel *Laufen und Bewegung* verbunden ist, dann schenken Sie Ihrem Hund ein ganzes Stück Glückseligkeit. Wer einmal beobachtet hat, wie gern Cocker Wanderungen im *Mittelgebirge* oder auch im nicht allzu schwierigen *Hochgebirge* oder auch an Meeresstränden mitmachen, und wer dann an solcherart Aktivurlaub auch noch Freude hat, für den ist die Urlaubzeit zusammen mit dem Hund niemals Belastung, sondern in der Tat die schönste Zeit des Jahres. Niemals sonst hat man ja so viel Zeit für seinen vierbeinigen Gefährten wie gerade dann, und selten kann der Kontakt so eng sein wie in diesen arbeitsfreien Tagen. Der Hund ist dann oft gar nicht mehr wiederzuerkennen: Man sieht, daß das Stadtleben alles andere als typisch für den Hund ist.

Einschränkend muß natürlich gesagt werden, daß diese Überlegun-

Skeptischer Nachwuchs

gen nicht für denjenigen gelten können, der einen größeren Hundean-
hang oder gar eine ganze Zucht hat. Für ihn ist der unbeschwerte
Urlaub in der Regel vorbei. Wer aber nur einen oder zwei Hunde hat,
der kann bei einigem guten Willen und bei etwas Einfühlungsvermögen
in seinen Hund nicht nur Kompromisse in der Auswahl und Gestaltung
seines Urlaubs schließen, er kann vielmehr Erlebnisse finden, die er
vorher nicht für möglich gehalten hätte.

Hundepension oder Hundehotel?

Nur wenn es gar nicht anders geht, sollte man auf die Möglichkeit einer
Hundepension für die Zeit der Ferien zurückgreifen. Zwar gibt es in
der Zwischenzeit eine ganze Reihe guter Pensionen, in denen der
Hund im Rahmen der Möglichkeiten auch günstig unterzubringen ist.
Niemand sollte sich aber darüber täuschen, daß diese Lösung immer
nur eine Notlösung sein kann. Für den Cocker, der so besonders
anhänglich ist und sehr engen Kontakt zu seiner Familie braucht, ist
eine Trennung über Wochen hinweg immer eine schlimme Angelegenheit.

Immer dann, wenn der Hund nicht mit der Familie in den Urlaub
fährt, bedeutet Ferienzeit für den Vierbeiner *Leidenszeit*. Selbst wenn
der Cocker für diese Zeit in seinen Zwinger zurückkehrt, wird er dort

51

nicht so recht froh. Auch das bedeutet eine seelische Belastung für ihn, und wer jemals gesehen hat, wie ausdauernd und intensiv solche Hunde über Wochen hinweg ihren „Eltern" *nachtrauern*, der wird sich überlegen, ob für das nächste Jahr nicht eine andere Lösung denkbar wäre.

Wer sich indessen entschlossen hat, mit seinem Cocker in den Urlaub zu fahren, der hat vorweg einiges zu bedenken. Er muß sich darüber im klaren sein, daß *keineswegs alle Urlaubsziele*, die für Menschen attraktiv sind, auch günstig für den vierbeinigen Freund sein müssen. So hat der Cocker beispielsweise wenig davon, wenn er zu einem *Badeurlaub in den Süden* mitgeschleppt wird. An den Stränden ist es oft nicht weit her mit den Möglichkeiten einer freien Bewegung, die sengende Hitze trägt auch nicht zum Wohlbefinden des Hundes bei.

Suchen Sie sich also ein Ziel aus, das für den Cocker eine nicht allzu große *klimatische Umstellung* bedeutet und das ihm ein bißchen mehr Freiheit erlaubt, als er in aller Regel zu Hause hat.

Wichtig ist auch, daß man sich rechtzeitig nach Pensionen oder Hotels erkundigt, in denen Hunde willkommen sind. Es ist nervenaufreibend, wenn man nach langer Fahrt irgendwo übermüdet ankommt und dann nicht in das angepeilte *Hotel* darf, weil Hunde dort nicht zugelassen sind. Also rechtzeitig Quartier machen und bei der Anmeldung die Hundefrage ansprechen – so erspart man sich viel Ärger!

Reisen im Auto

Auf der *Autofahrt* sollte der Cocker seinen festen Platz haben, und zwar möglichst auf dem Rücksitz oder im hinteren Teil eines Kombis. Er ist dort am besten aufgehoben, gerade auch in Situationen, in denen er für den Fahrer leicht zum zusätzlichen *Gefahrenmoment* werden könnte. Der Hundeplatz sollte unbedingt zugfrei sein, weil über längere Strecken allzu leicht Bindehautentzündungen entstehen können. Die meisten Cocker fahren fast leidenschaftlich gern im Auto und sind daher auch „autofest". Es gibt aber auch immer wieder Cocker, die mögen und vertragen längere Fahrten nicht. Am besten ist es natürlich, man hat seinen Hund von klein auf, eigentlich vom Tage des Kaufs beim Züchter an, langsam und stetig an das Autofahren gewöhnt. Er wird sehr schnell alle Angst verloren haben und sich auf jede Fahrt freuen. Für ganz hartnäckige Fälle hat der Tierarzt auch *Reisetabletten*,

Gehorsam ist alles!

die das schlimmste Unwohlsein überwinden helfen. Auf längeren Fahrten sollten auch immer wieder Pausen eingelegt werden, weil die *Strapazen* – nicht zuletzt durch Hitze – für den Cocker noch weit schlimmer sind als für den Menschen. Ein Näpfchen mit frischem Wasser sollte bei jeder Rast gereicht werden, es hilft dem kleinen Kerl gut über die Reise. Wer mit diesen allerwichtigsten Vorsichtsmaßnahmen seine Urlaubsreise antritt, wird kaum Probleme erleben. Immer wieder wird er vielmehr merken, wie sehr sich der Hund freut, daß er dabeisein darf.

Für die Vorbereitung der Reise ist es auch wichtig, sich rechtzeitig über die bei *Grenzübertritten* notwendigen *Impfungen* zu informieren. In allen Ländern wird inzwischen ein gültiges *Tollwut-Impfzeugnis* verlangt; manche Staaten wünschen darüber hinaus noch ein amtstierärztliches Gesundheitszeugnis. Informationen, was im einzelnen von den betreffenden Ländern verlangt wird, erhält man unter anderem beim Amtstierarzt, beim ADAC, beim Deutschen Tierschutzbund in Bonn oder bei den örtlichen Tierschutzvereinen.

Das Problem der *Fütterung im Urlaub* stellt sich nicht mehr so, seit die Futtermittel-Industrie eine ganze Palette von verschiedenartigen Produkten für nahezu jeden Geschmack anbietet. Vom Paketfutter bis zum Dosenfutter ist alles erhältlich, was zu einer ausreichenden Ernährung notwendig ist.

53

Wer allerdings in einer gemieteten Wohnung mit Küche oder in einem *Ferienhaus* untergekommen ist, kann seinem Cocker selbstverständlich auch das gewohnte Fleisch zubereiten; der Hund wird dies mit Freude annehmen, vor allem dann, wenn er nicht unbedingt ein Freund des Dosenfutters ist.

Bahn- und Flugreise

Komplizierter ist es schon für denjenigen, der ohne eigenen Wagen auf Reisen gehen will und seinen Hund dabeihaben möchte. Für einen gutzerzogenen Cocker ist zwar auch eine *Bahnreise* kein wirkliches Problem, zumindest dann nicht, wenn sie nicht allzu lange dauert. Ein solches Unternehmen ist nicht ganz billig, weil ein Cocker immerhin eine Kinderfahrkarte haben muß (keineswegs aber so viel Platz beanspruchen darf wie ein Kind!). Bei solchen Reisen kommt es auch ein wenig auf das Fingerspitzengefühl des Hundehalters an, zum Beispiel wie er seinen Mitreisenden den Hund präsentiert und wie er sich mit ihm verhält. Auf alle Fälle ist es günstig, ein Handtuch oder eine Decke dabei zu haben, auf die sich der Hund legen kann.

Flugreisen mit Hunden bringen im allgemeinen mehr Schwierigkeiten mit sich. Nur selten ist es möglich, den Cocker mit in die Kabine zu nehmen. Meistens verlangen die Gesellschaften, daß der Hund in speziellen Behältern im Frachtraum untergebracht wird. Bei der Sensibilität der Cocker, die fast sprichwörtlich ist, kann man von dieser Art des Reisens eigentlich nur abraten. Auch wenn man davon ausgehen kann, daß das schreckliche Flugerlebnis für den Cocker bald überwunden sein dürfte, scheint es mir nur der letzte Ausweg bei der Auswahl der verschiedenartigen Transportmöglichkeiten zu sein.

Besondere Aufmerksamkeit verlangt der Cocker in *heißen Gegenden*. Dort ist es notwendig, daß ihm möglichst immer frisches Wasser zur Verfügung steht. Auch sollte der Cocker sich niemals über längere Zeit in der vollen Sonne aufhalten oder bewegen müssen. *Ausreichender Schatten* muß immer vorhanden sein; für den Hund bedeutet es im Gegensatz zu manchem Menschen keineswegs den Höhepunkt der Urlaubsglückseligkeit, wenn er in der südlichen Sonne stundenlang braten darf; er reagiert und verhält sich von Natur aus vernünftiger!

Winterurlaub ist für den Cocker nicht immer ein Genuß. Er hat oft Schwierigkeiten, wenn sich nasser Schnee in den langen Fahnen oder in der Befederung zu immer größer werdenden eisigen Bällen sammelt.

Bei bestimmten Schneeverhältnissen wird das Laufen für den Cocker bald zur Qual. Auch zwischen den Ballen kann sich Schnee festsetzen und durch die höhere Körpertemperatur zu Eis werden.

Insgesamt gelten für den „Cocker im Urlaub" einige Regeln, die zu beherzigen einem viel Mühe und vielleicht auch viel Ärger ersparen:

- Man sollte nur einen Cocker halten, wenn man ihn in den Urlaub – zumindest in der Regel – mitzunehmen bereit ist.
- Auch in der Urlaubsumgebung gilt grundsätzlich, was zu Hause zu beherzigen ist: Der Hund braucht ein ruhiges, ungestörtes Lager. Vielleicht hat das häusliche Körbchen noch Platz im Kofferraum.
- Beim Fressen sollte man dem Cocker keine prinzipielle Umstellung zumuten; sie würde ihm zusammen mit einer eventuellen klimatischen Umstellung mit Gewißheit in des Wortes wahrstem Sinne auf den Magen schlagen.
- Ein Grundbestand der tierärztlichen Hausapotheke sollte unbedingt im Reisegepäck sein. Durchfallmittel, Augentropfen, Sprühverband, Bandagen und ein Thermometer gehören unbedingt dazu. Im Zweifelsfall aber ist immer der Gang zum Tierarzt zu empfehlen.
- Vor der Reise müssen die erforderlichen Papiere für den Cocker eingeholt worden sein; vor allem die Impfbescheinigungen müssen für die Grenzübertritte vorliegen.
- In der Urlaubszeit sollte man sich besonders viel Zeit für seinen vierbeinigen Freund nehmen; auch für ihn sollen es ja wirkliche Ferientage sein.
- Unter allen Umständen ist zu vermeiden, daß man in Hotels oder Unterkünften anderen Gästen zur Last fällt. Viele Restaurants und Hotels wünschen keine Hunde im Speisesaal; das muß man respektieren.
- Überhaupt sollte man nur einen Hund mit auf Reisen nehmen, der gut erzogen ist und nicht von sich aus noch Schwierigkeiten bereitet.

Der Cocker
auf Ausstellungen und Prüfungen

Hundeausstellungen erfreuen sich seit einigen Jahren einer stetig steigenden Beliebtheit. Wer erlebt hat, wie bei *Internationalen Ausstellungen*, die in der Bundesrepublik alljährlich in größerer Zahl stattfinden, an den Ausstellungstagen manchmal 20 000 Besucher und mehr an den Boxen vorbeidrängen, der vermag auch einzuschätzen, welchen Stellenwert der gesamte Komplex inzwischen im Freizeitverhalten der Menschen einnimmt. Früher waren Ausstellungen, vor allem aber die Spezialzuchtschauen, mehr oder minder „Insider"-Veranstaltungen der Züchter. Heute haben auch die „privaten" Hundehalter Freude an der Sache gefunden. Sie stellen ihren Cocker ebenfalls auf Schauen vor und beleben damit ganz eindeutig die Ausstellungsszene nicht nur quantitativ, sondern oft genug auch von der Qualität ihrer gezeigten Cocker her. Für den *Ausstellungsneuling* scheinen die Hürden, die vor einer Schau aufgebaut sind, allzu hoch zu sein. Er ist daher immer gut beraten, wenn er sich bei einem erfahrenen Aussteller oder beim Züchter über das Drumherum informiert und sich praktische Ratschläge geben läßt.

Voraussetzungen

Oft ist es so, daß Züchter die Besitzer von Hunden aus dem eigenen Zwinger dazu anregen, ihren Cocker auf einer Ausstellung einmal zu zeigen. Gerade der Züchter hat ja den Blick dafür, ob es sich wirklich lohnt, den Hund zur Ausstellung zu bringen.

Derjenige, der sich entschließt, sich in das *„Abenteuer Ausstellung"* zu wagen, hat schon vorweg eine Reihe Vorbereitungen zu treffen. Er sollte sich zunächst einmal im klaren darüber sein, warum er es überhaupt tut. Wer einmal züchten will, braucht für seinen Hund oder für seine Hündin die Zuchtzulassung. Die wiederum kann er allein auf einer Ausstellung erhalten. (Es gibt da gewisse Ausnahmen, die aber hier nicht beschrieben werden müssen.)

Aus *purer Eitelkeit* sollte dagegen niemand zur Hundeausstellung

*Zur Beurteilung
vor dem Richter*

gehen. Die Enttäuschungen könnten groß sein, wenn der eigene Hund nun nicht auf Anhieb einen „vorzüglichen" Formwert erhält. Es ist auch schon vorgekommen, daß solcherart enttäuschte Aussteller die Freude an ihrem Hund verloren haben. Diese Einstellung kann man nicht scharf genug kritisieren. Wer den Wert eines Hundes oder gar die Liebe zum Hund von einem Formwert abhängig macht, der sollte am besten gar keinen Hund besitzen.

Gehen wir also davon aus, daß der Aussteller entweder aus *züchterischem Interesse* oder aber auch aus einem gewissen *sportlichen Impetus* heraus eine Ausstellung besuchen will. Er muß sich dann zunächst beim zuständigen Schauleiter die *Meldeunterlagen* besorgen. Die Adresse des *Schauleiters* findet sich im Kluborgan „Der Jagdspaniel" (oder in den Publikationen anderer Spaniel-Vereine), und zwar unter den dort ausführlich aufgeführten Ausstellungsterminen. Klubmitglieder werden jedem Interessenten den richtigen Weg weisen.

Bezirks- und Spezial-Zuchtschauen sowie „Internationale"

Zunächst seien die verschiedenen Ausstellungsarten aufgeführt, die es in der deutschen Ausstellungsszene gegenwärtig gibt:

Da ist zunächst einmal die **Bezirkszuchtschau,** gewissermaßen die Basis in der Ausstellungspyramide. Auf solchen Bezirkszuchtschauen geht es in aller Regel recht familiär und formlos zu. Es gibt dort keine strengen Klasseneinteilungen. Die Spaniels werden nach Geschlechtern und Farbschlägen unterschieden und gerichtet. Auf einer Bezirkszuchtschau sollen in erster Linie Cocker erscheinen, die zum ersten Male ausgestellt werden und die ihren ersten Formwert erhalten sollen. Es ist dies ein günstiger Einstieg in das „Schau-Geschäft". Der Cocker muß noch kein Ausstellungs-Profi sein, der Richter wird ihm kleinere Unarten nachsehen. Auf einer Bezirkszuchtschau werden keine Plazierungen vergeben, sondern allein Formwerte (beim Jagdspaniel-Klub auch die Zuchtzulassung).

Die **Spezialzuchtschau** verlangt schon ein ganzes Stück mehr. Hier geht es bereits um höhere Ehren wie etwa Klassensieger, Farbschlagbeste oder Siegeranwartschaften. Spezialzuchtschauen sind inzwischen zu Treffpunkten der Cocker-Creme geworden. Denn alle renommierten Züchter stellen dort aus, die Qualität der gezeigten Cocker ist in aller Regel sehr hoch. Hier gibt es nun auch die sogenannten Plazierungen, das heißt, daß in jeder Klasse die vier besten ermittelt und auch ausdrücklich herausgestellt werden. Solche auf Spezialzuchtschauen errungenen Plazierungen berechtigen den Besitzer des Cockers schon zu einigem Stolz: Wer hier zu Ehren kommt, der hat mit Gewißheit einen – im Sinne des Standards – schönen Hund. Das gilt vor allem auch für die nur im mehrjährigen Abstand stattfindenden Hauptzuchtschauen des Jagdspaniel-Klubs.

Die **Internationalen Ausstellungen** schließlich erfreuen sich beim Publikum besonderer Beliebtheit. Das kommt einfach daher, weil die Besucher solcher Ausstellungen auf kleinem Raum nahezu alle hierzulande existierenden Hunderassen sehen können. Im Gegensatz zu den klubinternen Ausstellungen müssen die Hunde bei solchen Schauen den ganzen Tag über in einer Box zubringen; überhaupt sind Reglement und Bestimmungen bei diesen vom VDH veranstalteten Ausstellungen strenger, oft auch im Interesse der zahlenden Besucher. Bei dieser Art der Ausstellungen wird die Anwartschaft auf das **„Certificat d'Aptitude au Championat International de Beauté"** (abgekürzt: CACIB) vergeben; mehrere solcher errungenen Anwartschaften können dann zum Titel „Champion International de Beauté" führen.

Nun ist es auch nicht so, daß jeder Interessierte sich einen Meldeschein besorgen und dann einfach zu dieser oder jener Ausstellung

Endkonkurrenz der Schönsten

melden kann. Es gibt da eine Reihe von „Klassen", in denen man seinen Hund unterbringen kann. Jede dieser Klassen erfordert bestimmte Voraussetzungen. Im einzelnen werden unterschieden:

Die **Jüngstenklasse** für Hunde von 6 bis 9 Monaten. Hier können die ganz jungen Spaniels erstmals Ausstellungsluft schnuppern.

Die **Jugendklasse,** die Cockern im Alter zwischen 9 und 18 Monaten vorbehalten ist. In die Jugendklasse sollte man alle Hunde melden, die von ihrer Konstitution und von ihrer Entwicklung auch wirklich dorthin gehören. Die **Offene Klasse** gehört der großen Masse all der Hunde, die in keine andere Klasse gemeldet werden können oder sollen. Das Alter nach oben spielt in der Offenen Klasse keine Rolle; es ist daher auch kein Wunder, daß in dieser Klasse immer die höchsten Meldezahlen überhaupt vorliegen. Für die Hunde ist es überaus schwierig, sich in einer Klasse von vielleicht 20 oder mehr Cockern zu behaupten und sich sogar ganz vorn zu plazieren. Bei Internationalen Ausstellungen kann der Spaniel ab 15 Monaten in die Offene Klasse gemeldet werden. Hier sowie in der Arbeits- und der Siegerklasse kann das CACIB gewonnen werden.

Die **Arbeitsklasse** ist auf den Ausstellungen meist nur schwach besetzt – leider. Hier können nämlich die Hunde gezeigt werden, die nicht nur Schönheit im Sinne des geforderten Standards haben, son-

59

dern darüber hinaus auch noch eine erfolgreich absolvierte jagdliche Prüfung nachweisen müssen. Die Zwinger in der Bundesrepublik, die in der Arbeitsklasse Spitzenhunde zeigen, sind leider an den fünf Fingern einer Hand abzuzählen. Schönheits- und Leistungszucht erfolgreich zu vereinbaren ist immer ein schwieriges Unterfangen.

Die **Zuchtklasse** gibt es nur auf den klubinternen Ausstellungen, nicht auf den „Internationalen". Sie ist für Hunde gedacht, die, unabhängig von ihrem Alter, im Besitz des Züchters stehen.

Die **Siegerklasse** wiederum ist für Hunde mit anerkannten Siegertiteln gedacht. Dazu gehören beispielsweise die Klub-Champions, Bundes- und Europasieger, Deutscher Champion (VDH), Internationale Schönheitschampions oder auch Nationale Sieger wie etwa der Champion von Luxemburg, von Monaco usw.

Zu erwähnen ist schließlich noch die **Ehrenklasse**. Im Gegensatz zur Siegerklasse läuft sie außer Konkurrenz, das heißt, die hier gezeigten Hunde konkurrieren nicht um Anwartschaften oder Plazierungen. Die Ehrenklasse ist denjenigen Hunden zugedacht, die – und das ist allerdings Voraussetzung – bereits Siegerlorbeeren geerntet haben.

Schließlich wurde noch die **Seniorenklasse** (Veteranenklasse) geschaffen. In die Seniorenklasse können nur Hunde gemeldet werden, die acht Jahre alt sind. Vom VDH und von den Vereinen wird dieser Klasse zunehmend mehr Bedeutung beigemessen, weil es im Interesse der Zucht attraktiv ist, alte, gesunde Hunde in guter Kondition zu präsentieren.

Formwerte

Die Formwerte, die auf den Ausstellungen vergeben werden, sind immer wieder Anlaß zu leidenschaftlichen Diskussionen und großen Aufregungen. Grundsätzlich sei zu diesem Thema gesagt, daß niemand die Angelegenheit so ernst nehmen sollte, daß er sich wegen eines minderen Formwerts wirklich erregt. Dies macht nicht nur einen schlechten Eindruck, es ist auch der Sache nicht angemessen. Wie bereits gesagt wurde: Der Formwert sollte nichts aussagen über das Verhältnis zwischen Hund und Herrchen, beides hat miteinander überhaupt nichts zu tun.

Die Formwerte besagen im einzelnen:
Vorzüglich darf nur einem Hund zuerkannt werden, der dem Idealstandard der Rasse sehr nahekommt, in ausgezeichneter Kondition

Jagdspaniel in Aktion

vorgeführt wird, ein harmonisches und ausgeglichenes Wesen aus-strahlt, der „Klasse" und eine hervorragende Haltung hat. Seine überlegenen Eigenschaften seiner Rasse gegenüber lassen kleine Unvollkommenheiten vergessen, aber er muß die typischen Merkmale seines Geschlechtes besitzen.

Sehr gut wird nur dem Hund zuerkannt, der die typischen Merkmale seiner Rasse besitzt, von ausgeglichenen Proportionen und guter Ver-fassung ist. Man wird ihm einige verzeihliche Fehler nachsehen, jedoch keine morphologischen. Dieses Prädikat kann nur einem Klassehund verliehen werden.

Gut ist einem Hund zuzuteilen, der die Hauptmerkmale seiner Rasse zwar besitzt, aber Fehler aufweist.

Genügend erhält der Hund, der seinem Rassetyp genügend entspricht, ohne dessen allgemein bekannte Eigenschaften zu besitzen, bezie-hungsweise dessen körperliche Verfassung zu wünschen übrig läßt.

Nicht genügend wird dem Hund zuerkannt, der nicht dem durch den Standard vorgeschriebenen Typ entspricht oder der nach dem für ihn geltenden Standard einen schweren bzw. disqualifizierenden Fehler hat.

61

Wer diese Bewertungen liest, der kann erkennen, welche hohe Ansprüche insbesondere an die Formwerte „vorzüglich" und „sehr gut" gestellt werden. Niemand sollte es daher als eine Katastrophe empfinden, wenn sein Hund bei einer Ausstellung kein „vorzüglich", sondern ein „sehr gut" bekommt.

Die Ausstellungen sind heute die *spektakulärste Säule* des klubinternen kynologischen Lebens. Die andere, freilich im Interesse der Rasse mindestens ebenso wichtige Säule betrifft das *Prüfungswesen*. In diesem Bereich geht es nun nicht um hohe Meldezahlen, um große Zuschauerkulissen oder um publikumswirksam aufgezogene Veranstaltungen; hier geht es um harte Arbeit, die die Substanz der Rasse betrifft und die für ihre weitere Pflege von allergrößter Wichtigkeit ist.

Der „Jagdspaniel-Klub" legt daher auf die Durchführung und Pflege der Prüfungen alljährlich im Frühjahr und im Herbst großen Wert. In der *Prüfungsordnung* heißt es dazu grundsätzlich: „Zur Erhaltung und Förderung der jagdlichen Anlagen des Spaniels sowie zum Nachweis seiner vielseitigen Fähigkeiten als Gebrauchshund führt der Jagdspaniel-Klub e. V. folgende Prüfungen durch: 1. Anlageprüfungen, 2. Erweiterte Anlageprüfungen (Rüdt-Prüfung), 3. Gebrauchsprüfungen (einschließlich Siegerprüfungen), 4. Ergänzungsprüfungen" (zum Beispiel Verbandsschweißprüfungen).

Der Jagdspaniel im Revier

Schon dieser kurze Hinweis zeigt die Bedeutung, die der Cocker als Jagdhund und als Jagdgebrauchshund unvermindert hat, und es ist die Frage, ob ein Spanielverein, der die jagdliche Seite nicht betreibt, wirklich im Interesse der Rasse wirkt. Der „Jagdspaniel-Klub" pflegt dieses Erbe nach besten Kräften. Wenn auch die Zahl der Züchter, die sich dem Cocker-Spaniel als Jagdhund besonders verpflichtet fühlen, geringer geworden ist, so bleibt doch das jagdlich orientierte Ziel, nämlich Cocker zu züchten, bei denen der Nachweis der Anlagenqualität im Vordergrund steht. Zu diesen Anlagenqualitäten zählen in erster Linie neben der Nase der Spurlaut, Finderwille, Wasserfreude und gute Nerven.

Spaniels, deren Eltern ihre *Anlagenqualitäten* auf Prüfungen unter Beweis gestellt haben, erhalten *grüne Ahnentafeln*; sie enthalten den Vermerk *„aus jagdlicher Anlagen-Zucht"*. Spaniels, deren Eltern eine Gebrauchsprüfung bestanden haben, bekommen grüne Ahnentafeln mit dem Vermerk „aus jagdlicher Leistungszucht".

Insgesamt ist der Cocker-Spaniel von seiner Konstitution und von seinem Exterieur in der Lage, die im *Jagdgesetz* geforderten Arbeiten ohne Einschränkungen zu leisten. Kein Zweifel: Dies ist für den kleinen Jagdhund eine bemerkenswerte Leistung. Sie wird nur dadurch möglich, daß sich in diesem Typ die vom Standard geforderten „Essentials" mit den genannten jagdlichen Anlagen paaren. Die Kombination ergibt diesen eifrigen Stöberhund, dessen besondere Qualitäten beispielsweise auf der *Hasenspur* sichtbar werden. Deshalb gehört das Halten einer solchen Hasenspur über einige hundert Meter zu den Bedingungen für ein erfolgreiches Abschneiden auf einer Prüfung; der Cocker muß diese Spur, sofern sie frisch genug ist, laut arbeiten.

Die Qualitäten des Spaniels im Arbeitsteil „*vor dem Schuß*", die sich auf seine Fähigkeiten und Eigenarten als Stöberhund beziehen, werden jedoch ergänzt durch seine Leistungen „*nach dem Schuß*". Der Cocker läßt sich in der Tat sehr gut auf der *Schweißspur* einarbeiten, er hat darüber hinaus einen ausgeprägten *Apportiertrieb* und einen anhaltenden *Finderwillen*. Er apportiert den Hasen ebenso wie die Ente aus dem Schilfwasser – beides Leistungen, die für einen Hund seines Kalibers sehr bemerkenswert sind. Gerade diese geforderten Bringleistungen lassen immer wieder den Ruf nach dem kräftigen, durch die Gestalt schon leistungsfähigen Cocker laut werden. So ist es kein Geheimnis, daß viele jagdlich Führende ihren Cocker gern an der *Grenze des vom Standard zugestandenen Größenlimits* sähen, einfach aus der Vermutung heraus, daß ein größerer und kräftigerer Hund auch Besseres leisten könne. Diese Rechnung ist nicht ganz ungefährlich, denn sie könnte dazu führen, daß man aus dem völlig zu Recht und richtigerweise gepflegten jagdlichen Erbe des Cockers die verkehrten Schlüsse zöge. Der leistungsstarke Cocker in seinem vom Standard vorgegebenen Rahmen ist interessant, weil nur er das Zuchtziel sein kann.

Nur wenn der Standard strikt befolgt wird, dient man der Rasse und ihren Belangen wirklich. Kompromisse taugen nicht viel, und sie würden in diesem Punkt den eigenen guten Willen in Frage stellen.

In der Klubpraxis werden die Spaniels auf den *Anlagen-Prüfungen* auf Nase, Spurlaut, Spurwille und Spursicherheit auf der Hasenspur sowie auf Stöberanlage und Wasserfreudigkeit geprüft. Bei den erweiterten Anlagen-Prüfungen werden das Bringen des Kanins auf Schleppe, die Freiverlorensuche mit Bringen von Federwild und das Bringen der Ente aus tiefem Wasser – neben den Fächern der Anlagenprüfung selbstverständlich – gefordert. Hier wie auf den *Gebrauchs-*

Brav apportiert

prüfungen wird dem Cocker auch physisch alles abverlangt. Die Prüfung ist eine gewaltige Strapaze, und nur der Hund wird sie erfolgreich absolvieren, der von einem sachkundigen Führer organisch darauf hingearbeitet wurde.

Wer jemals gesehen hat, mit welcher *Passion* ein Cocker im Revier arbeiten kann, der wird auch begreifen, warum die Klub-Verantwortlichen dieses *jagdliche Erbe* so sorgsam und zugleich kompromißlos pflegen. Natürlich ändern sich hin und wieder in bestimmten Zeiträumen etwa die Prüfungsordnungen, und natürlich macht man sich immer wieder auch Gedanken über jene jagdlich brauchbaren Spaniel-Rassen, die meistens keinen Spurlaut bringen, aber generell gilt doch, daß die jagdliche Seite des Cockers gleichsam puristisch behandelt wird.

So wird vom „Jagdspaniel-Klub" eine *Anlagenbewertungsliste* (ABL) geführt, in die alle Spaniels aufgenommen werden, die auf einer vom Klub veranstalteten Anlagenprüfung einen Preis erhalten haben. In einer Anlage zur ABL werden diejenigen Spaniels erfaßt, die eine erweiterte Anlagen-Prüfung erfolgreich absolviert haben. Die *Gebrauchshundeliste* (GHL) enthält alle jene Spaniels, die auf Gebrauchsprüfungen ausgezeichnet wurden. Auch dazu gibt es eine Anlage für Spaniels mit bestandener Ergänzungsprüfung.

Cocker-Spaniels haben ihre jagdlichen Fähigkeiten in praktischer

Ein Prachtwurf

Arbeit immer wieder unter Beweis gestellt. Es gibt viele Jäger, die – wenn sie einmal mit einem guten Cocker gearbeitet haben – sich keinen anderen Hund vorstellen können. Dennoch muß die Sorge der Verantwortlichen darauf gerichtet sein, daß die hervorragenden Anlagen des Jagdhundes Cocker-Spaniel nicht durch die *Modeerscheinung Cocker* irgendwann verkümmern. Solange es Züchter gibt, die sich passioniert der jagdlichen Zucht zuwenden, ist da wenig Gefahr. Noch ist die Basis groß genug und gut, auch wenn man nicht verkennen darf, daß die Gewichte zwischen jagdlicher Zucht und sogenannter Schönheitszucht ungleich verteilt sind.

Das liegt zweifellos auch daran, daß für die meisten Cocker-Interessenten das *Jagdliche* entweder gar keine Rolle spielt oder aber *sogar unerwünscht* ist. Das ist im Hinblick auf die Rasse und ihre speziellen Eigenschaften gewiß bedauerlich, aber es ist die *Realität,* vor der man nicht die Augen verschließen kann.

So wird es die Aufgabe des „Jagdspaniel-Klubs" in der Zukunft in ganz besonderer Weise sein, beide *Interessenrichtungen* gewissermaßen miteinander zu *versöhnen.* Nicht das Gegeneinander, sondern allein das Miteinander bietet die Chance, etwas konkret im Interesse und zum Vorteil der Rasse tun zu können. Ausstellung und Prüfung als die *beiden Säulen des Klubwesens* sollten letzten Endes ein sinnvolles Konzept im Interesse des Spaniels bilden.

Cocker-Zucht – ja oder nein?

Irgendwann im Laufe des Lebens einer Cocker-Hündin wird sich die Frage stellen, ob es einmal Nachwuchs geben soll. Immer wieder weisen Experten darauf hin, daß zumindest ein *„Gesundheits-Wurf"* der Hündin guttue; andere Fachleute bezeichnen dies wiederum als reinen Unsinn.

Wie auch immer: Für den Besitzer einer Hündin wird sich also das Problem der Nachkommenschaft stellen.

Wer sich allerdings so entscheidet, der sollte verschiedene Dinge vorweg ganz eindeutig geklärt haben: Zum Beispiel, ob der notwendige Platz vorhanden ist, ob die Welpen auch Auslauf ins Freie haben werden oder ob sie bis zu ihrem Verkauf Stubenhunde bleiben müssen, nicht zuletzt aber auch, ob für die Aufzucht die notwendige Zeit vorhanden sein wird. Wenn alle diese Fragen positiv beantwortet worden sind und man immer noch der Meinung ist, man müsse „einen Wurf wagen", dann sollte man mit dem nötigen Ernst und vor allem mit der gebotenen Sorgfalt an alles herangehen. Kein Anfänger sollte indessen ins Blaue hinein züchten, nach dem Motto „ich schaffe das schon, es wird schon nichts passieren". Es kann eine ganze Menge passieren, und es kann durchaus auch geschehen, daß die Hündin eine schwierige Geburt nicht überlebt.

Deshalb sollte man sich für den Fall von Komplikationen bereits vorher der schnellen Hilfe eines Tierarztes versichert haben. Auch kann es nicht verkehrt sein, sich bei einem der Zuchtwarte des Klubs vorher informiert zu haben. Was *erfahrene Züchter* natürlich seit Jahren wissen und wo es bei ihnen überhaupt kein Nachdenken mehr gibt, da kann der Anfänger so vieles falsch machen und dadurch z. T. irreparable Schäden verursachen.

Für den Besitzer einer Hündin ist es prinzipiell wichtig zu wissen, daß die *erste Hitze* in aller Regel zwischen dem 8. und 10. Monat eintritt. Die Hitze, auch Läufigkeit genannt, verliert bald ihren Schrecken, wenn man erst einmal gemerkt hat, daß alles gar nicht so kompliziert oder schrecklich ist.

Es gibt heute eine ganze Reihe von *hygienischen Mitteln*, die die

Urlaubsfreuden

Hündin und ihre Besitzer vor mancherlei früher üblichen Belästigungen weitgehend sicher sein lassen.

Wenn die Hündin zu färben beginnt, ziehen wir ihr ein Höschen mit einer Tempo-Tuch-Einlage an. Sie wird sich sehr schnell daran gewöhnen und wird dieses Höschen in der Zeit ihrer Hitze sogar immer wieder verlangen.

Das zweite Stadium der Hitze ist die eigentliche Hochbrunst. Es ist dies die Zeit, in der die Hündin „steht" und sich vom Rüden *belegen* läßt. Diese Phase dauert meistens etwa fünf Tage. Als ganz besonders günstig zum Decken werden der 11. bis 13. Tag angesehen.

Die dritte Hitze-Phase schließlich bedeutet das *Abklingen der Brunst*. Insgesamt kann man rechnen, daß die Hündin gut drei bis vier Wochen mit ihrer Hitze zu tun hat, wobei die „gefährlichen" Tage in der Mitte liegen und meistens sehr genau eingegrenzt werden können.

In diesem Buch geht es nicht um Zuchtanleitungen oder um Ratschläge für einen neubeginnenden Züchter. Wer hierüber Auskünfte und *Informationen* benötigt, der sollte sich unter allen Umständen an die *Kontaktstellen* der Vereine wenden. Dort wird man immer gern bereit sein, die gewünschten Auskünfte zu geben. Dringend gewarnt

Halali

sei noch einmal vor der „selfmade"-Methode: Sie hat auf diesem Gebiet kaum Sinn und bringt allenfalls Kummer und Verdruß.

Der bekannte Schweizer Kynologe HANS RÄBER hat sicher recht, wenn er allen angehenden und willigen Züchtern die folgenden Sätze ins Stammbuch schreibt: „So wenig je ein Meister vom Himmel gefallen ist, so wenig wird jemals ein perfekter Hundezüchter vom Himmel fallen. Den Willen haben zu lernen, immer wieder zu lernen, das ist eine der wichtigsten Voraussetzungen zum späteren Züchter von Format. Es gibt freilich solche, die wissen nach einem oder zwei glücklich aufgezogenen Würfen schon alles und geizen nicht mit ihren guten Ratschlägen. Der echte Züchter muß aber auch nach dem zehnten Wurf seine Ansichten und Meinungen noch revidieren können, wenn sie sich als falsch erweisen sollten. Er muß mit andern ins Gespräch kommen können und sich deren Erfahrungen nutzbar machen; er muß einschlägige Literatur studieren, und er muß seine Hunde immer wieder mit denjenigen der anderen unvoreingenommen vergleichen."

Ein guter und erfolgreicher *Züchter* muß gewissermaßen *künstlerische Fähigkeiten* haben. Der gute Wille allein und die Liebe zum Cocker reichen nicht aus – sie sind allenfalls die Voraussetzung.

Der alte Hund

Dieses Thema gehört für viele Hundefreunde zu den traurigsten überhaupt. Jedermann weiß und muß sich auch immer wieder vor Augen halten, wie schnell die Jahre ins Land gehen. Die Zeit bleibt natürlich auch nicht vor unserem Cocker stehen: Er kommt auch *„in die Jahre"*. Irgendwann werden graue Haare sichtbar, und aus dem lustigen, vor Temperament überschäumenden Cocker wird ein *gesetzter, ruhiger Hund*.

Dies, man sollte es nie vergessen, ist der Lauf der Dinge. Er wird einem um so schmerzlicher bewußt, je intensiver das Zusammenleben zwischen der Familie und dem Hund die Jahre über gewesen ist.

Dann kommt der Tag, an dem die stundenlangen Spaziergänge dem Cocker eher zuviel werden als seinem Herrchen. Dann muß man auch wissen, daß dem Hund nicht mehr so viel zuzumuten ist wie in den besten Hundejahren. Man kann sagen, daß mit neun bis zehn Jahren dieser Zeitpunkt gekommen sein dürfte. Freilich sind solche Angaben nur *Anhaltswerte*.

Es gibt zwölfjährige und ältere Cocker, die sprühen immer noch vor Lebenslust und Temperament; bei ihnen ist auch das Haarkleid noch so passabel wie bei manchen jüngeren nicht. Auch gibt es Rüden, die mit *zehn Jahren* noch ohne weiteres *zur Zucht herangezogen* werden.

Vieles hängt einfach davon ab, wie der Cocker in den früheren Jahren gehalten worden ist: Ob die Ernährung dem Alterungs- oder gar dem Krankheitsprozeß nicht Vorschub geleistet hat, ob er die Bewegung gehabt hat, die seine Konstitution und seine Kondition bis in das Alter hinein hochgehalten hat, ob mit seinen Kräften nicht Raubbau getrieben wurde oder ob ihm jene Pflege zuteil geworden ist, die auch für ein lange währendes hübsches Äußerliches so wichtig ist.

Man muß davon ausgehen, daß der Cocker, wie jeder andere Hund auch, im Alter schlechter hören oder sehen kann. Bisweilen kommt es zur völligen *Taubheit* oder zur *Erblindung*.

Nun ist eine solche Erkrankung *niemals ein Grund, seinen Hund einschläfern zu lassen*. Auch mit solchen Altersgebrechen lebt der Cocker gern bei seiner Familie. Und da er meistens nicht blind und

Wasserfreude!

taub zugleich wird, hat er immer noch Möglichkeiten, sich auf seine Umgebung voll und ganz einzustellen. Natürlich braucht ein blinder Hund viel Sorge und Anteilnahme. Man kann ihn nicht laufen lassen wie ehedem – zumindest nicht dort, wo ihm von der Umwelt Gefahren drohen. Zweifellos orientiert sich ein weniger gut sehender Cocker im Alter noch mehr mit seiner Nase, als er es sonst ohnehin schon tut. Aber *Vorsicht* und *Aufmerksamkeit* sind in einem solchen Fall schon angebracht.

Hat man freilich das Gefühl, das Dasein des Cockers ist für ihn selbst nur noch Leiden und Schmerzen, dann sollte man auch nicht aus *falsch verstandener Liebe* zu seinem Hund dessen Qualen verlängern. Dann ist die *erlösende Spritze* vom Tierarzt geboten und im Interesse des kranken Freundes auch angebracht.

Wie man sich in einem solchen traurigen Fall zu verhalten habe, kann einem niemand sagen. Selbst Ratschläge sind dann unangemessen. Undenkbar scheint es mir allerdings zu sein, seinen Cocker in diesem Augenblick allein zu lassen – allein sterben zu lassen.

Wozu man nachdrücklich raten kann, ist ein *verständnisvolles* und liebevolles Verhalten gegenüber dem altgewordenen Hund. Er, der in seiner Welpen- und Jugendzeit so viel Freude gemacht hat, verdient diese Liebe gerade dann, wenn er sich auch sichtbarer als früher darum bemüht. Nichts, so sagt man, sei gedankenloser und vergeßlicher als der Mensch; ein guter Cocker-Halter sollte sich aber wenigstens hin und wieder daran erinnern, *wie viele frohe Stunden* er seinem Hund verdankt hat. Dem alternden und alten Hund gegenüber kann man da durchaus etwas zurückerstatten.

Der „Jagdspaniel-Klub e. V.", Sitz München

Der Klub wurde am 26. Mai 1907 in Hannover unter dem Namen „Jagdspaniel-Klub" gegründet und 1912 im Vereinsregister des Amtsgerichts München eingetragen. Als Zweck hat sich der Klub selbst die Aufgabe gestellt, die Reinzucht der Spaniels in den acht zu Beginn des Buches beschriebenen Rassen zu betreuen. Außerdem und in besonderer Weise soll die Förderung der jagdlichen Anlagen des Spaniels unterstützt werden. Und schließlich gilt das Bestreben des „Jagdspaniel-Klubs" der Unterstützung des allgemeinen Interesses am Spaniel.

Die wichtigsten Adressen des „Jagdspaniel-Klub e. V.":
Präsident: Dr. Peter Beyersdorf, Zur Gotteshülfe 43, 5030 Hürth-Burbach. Geschäftsstelle: Frau Ellen Bünger, Ackerweg 8, 5202 Hennef 1.

Der „Jagdspaniel-Klub" gliedert sich in dreizehn Landesgruppen, und zwar in Baden-Württemberg, Bayern, Berlin, Brandenburg, Hessen, Mecklenburg-Vorpommern, Mittelrhein, Niedersachsen, Nordmark, Rheinland, Sachsen, Thüringen und Westfalen. Die Vorsitzenden in den Landesgruppen stehen zugleich als Kontaktpersonen für Interessenten zur Verfügung.

Der „Jagdspaniel-Klub e. V." ist Mitglied im „Verband für das Deutsche Hundewesen" (VDH) und im „Jagdgebrauchshundverband" (JGHV).

Wer sich einen Spaniel anschaffen will, sollte im „Jagdspaniel-Klub" Mitglied werden. Er erfährt dort die notwendige Unterstützung für die Aufzucht seines Hundes, erhält Informationen über Haltung und Pflege und bekommt als Mitglied die Klubnachrichten „Der Jagdspaniel", die eine Fülle von Mitteilungen und kynologischen Abhandlungen enthalten.

In den vergangenen Jahren haben sich einige neue Spaniel-Vereine konstituiert, die inzwischen vom VDH aufgenommen worden sind: Es sind der „Spaniel-Club Deutschland e. V.", der „Verein Jagdgebrauchsspaniel e. V." sowie der „Cocker-Club Deutschland".

71

Ernährung

Die wildlebenden Ahnen unseres Hundes waren Jäger. Sie verzehrten ihre Beute mit Haut und Haar. Bevorzugte Leckerbissen waren die Innereien. Magen und Darm ihrer Beutetiere enthielten auch vorverdaute Pflanzen und wichtige Vitamine. Wölfe und Wildhunde fraßen also nicht nur Fleisch. Genauer wäre die Bezeichnung „Tierfresser". Aus Untersuchungen des Mageninhaltes wissen wir, daß darüber hinaus praktisch alles auf dem Speisezettel stand, was die Natur bot: Früchte, Samen und Gräser, Frösche und Schlangen, selbst Insekten wurden verzehrt. Nur so konnten der Hunger gestillt und genügend Vitamine und Mineralstoffe aufgenommen werden.

Angemessene artgemäße Nahrung hat der Hundehalter seinem Hund nach dem Tierschutzgesetz anzubieten. Unkenntnis und falsch verstandene Tierliebe können leicht zu Tierquälerei führen: Der Hund ist kein Resteverwerter. Mit Süßigkeiten ist ihm nicht gedient. Falsche Ernährung kann Fettsucht, innere Erkrankungen oder Hautkrankheiten verursachen. „Angemessen" ist nur eine gesunderhaltende Nahrung. Die Freßgewohnheiten der Wildtiere zeigen, wie das Futter zusammengesetzt sein muß:

Fleisch ist die Ernährungsgrundlage. Es enthält neben Salzen, Geschmacksstoffen und Vitaminen vor allem Eiweiß. Reines Muskelfleisch oder Herz kann ebenso wie ausschließlich minderwertige sehnige, häutige oder knorpelige Teile zu Verdauungsstörungen führen. „Artgemäß" ist eine aus leichter und schwerer verdaulichen Bestandteilen gemischte Fleischgrundlage. Dazu gehört auch tierisches Fett. Es dient als Energiequelle.

Pflanzen enthalten neben Eiweiß, Vitaminen und Mineralstoffen vor allem Stärke und Zucker. Diese Kohlehydrate liefern ebenfalls Energie. Sie muß aber bei den meisten Nährmitteln durch Erhitzung „aufgeschlossen", das heißt verdaulich gemacht werden. Für Sättigung, Darmfüllung und geregelte Verdauung sorgen unverdauliche Rohfasern, die in Rohkost, aber auch in Hundeflocken, weniger jedoch in gekochtem Reis enthalten sind. Ungesättigte Fettsäuren aus Pflanzenölen sind für gesunde Haut und glänzendes Fell wichtig.

Blonder Amerikaner

Für den gesunden Hund ist eine Ergänzung der Fleischgrundlage durch aufgeschlossene rohfaserhaltige Pflanzenkost das Richtige.

Eine vielseitig zusammengesetzte Nahrung enthält auch Vitamine. Das sind Wirkstoffe, die für Stoffwechselprozesse wie Blutgerinnung, Nervenfunktion oder Infektabwehr benötigt werden, die der Körper jedoch selbst nicht produzieren kann. Mineralstoffe und Spurenelemente sind nicht nur für den Knochenbau, sondern auch für viele andere Stoffwechselprozesse unerläßlich.

Eine Wissenschaft für sich?

Erhaltungs- und Leistungsbedarf, Nährwerttabellen, Kalorien und Joule – das ist schon eine Wissenschaft für sich – beflügelt durch die Futtermittelindustrie. Bei allem Respekt wundert sich der Praktiker, daß trotz Unkenntnis und Fehlern früherer Zeiten die Spezies Haushund nicht längst ausgestorben ist. Zum besseren Verständnis genügen folgende Überlegungen: Der Körper des erwachsenen Hundes befindet sich in einem dauernden Umbau. Zur Erhaltung der Körpersubstanz sind daher Eiweißbausteine erforderlich, für die damit verbunde-

Dreifarbige Junghündin

nen Stoffwechselvorgänge Energielieferanten, Vitamine und Mineralstoffe. Das Futter soll in der Trockenmasse mindestens ein Drittel Eiweiß und fünf Prozent Fett und höchstens die Hälfte Kohlehydrate enthalten.

Welpen und Junghunde brauchen für ihr Wachstum mehr Nahrung als gleich schwere erwachsene Hunde: bis zum sechsten Monat etwa doppelt soviel und dann immerhin noch fünfzig Prozent mehr. Ihr Futter soll zu zwei Dritteln, später mindestens zur Hälfte aus Fleisch und anderen Eiweißstoffen bestehen.

Diese Richtwerte gelten nur bei normaler Belastung. Besondere Leistungen erfordern eine Zulage. Als Fleischfresser kann der Hund zwar auch aus Eiweiß Energie gewinnen, die Ausbeute ist jedoch gering (und teuer). Zugelegt werden daher kohlehydrathaltige Futtermittel. Erhaltungs- und Leistungsbedarf sind praktisch nicht zu trennen. Bei Dauerbelastung kann bis zu viermal mehr Energie als bei Ruhe verbraucht werden.

Die wichtigsten Grundregeln

Die Futterration kann nicht mit der Briefwaage abgemessen werden. Neben Alter und Leistung ist die individuelle Veranlagung des Hundes ausschlaggebend. Es gibt gute und schlechte Futterverwerter. Ein normal veranlagter, durchschnittlich beanspruchter erwachsener Spaniel braucht täglich etwa 350 g Fleisch mit 100 g Flocken. Den gleichen Nährwert haben 450 g Dosen-Vollnahrung oder 150 g Trockenfutter. Bei einem gesunden, gut ernährten Hund sollen die Rippen optisch nicht hervortreten, mit der flachen Hand aber noch fühlbar sein. So kann man „erfühlen", ob etwas Futter zugelegt oder abgezogen werden muß.

Junghunde können die tägliche Futtermenge unmöglich auf einmal aufnehmen. Eine Magenüberladung wäre die Folge. Knochen, Bänder und Gelenke würden zu stark belastet und bleibende Schäden davontragen. Immerhin braucht ein halberwachsener, 5 bis 7 kg schwerer Spaniel genausoviel Futter wie sein ausgewachsener Artgenosse. Die Ernährung der Welpen erfolgt zunächst genau so, wie der Züchter es gehandhabt und dem Käufer empfohlen hat. Umstellungsbedingte Verdauungsstörungen werden so vermieden. Dem Welpen wird die Eingewöhnung erleichtert.

Bis zum Abschluß des Zahnwechsels mit etwa sechs Monaten erhält der Junghund täglich drei, später bis zum Abschluß des Wachstums mit etwa eineinhalb Jahren zwei Mahlzeiten täglich. Der Junghund darf zunächst noch etwas „Babyspeck" haben. Er hilft, Krankheiten besser zu überstehen. Mangelernährung in der Jugend ist kaum wiedergutzumachen.

Fresser werden nicht geboren, sondern erzogen: Der erwachsene Hund erhält täglich eine Mahlzeit. Was in einer Viertelstunde nicht aufgefressen ist, gehört in den Mülleimer. Wichtig ist eine regelmäßige feste Futterzeit, weniger wichtig, ob dies morgens, mittags oder abends ist. Stets soll jedoch der Hund nach dem Fressen ruhen, so wie es auch Wildtiere nach ergiebigem Mahl zu tun pflegen. Bei „Sport und Spiel" besteht die Gefahr, daß sich ein gefüllter Magen verdreht – eine lebensgefährliche Situation.

Das Futter soll vielseitig sein, damit es alle benötigten Nährstoffe enthält. Der Hund braucht aber keine Geschmacksabwechslung. Er kann durchaus dauernd das gleiche Futter erhalten, wenn dies optimal zusammengesetzt ist.

Fertigfutter – sicher, bequem und preiswert

Die Vorurteile gegen Fertigfutter sind überholt. Es entspricht in Eiweißanteil und sonstigen Inhaltsstoffen den wissenschaftlichen Erkenntnissen. Durch moderne Konservierungsverfahren werden Vitamine weniger geschädigt als durch haushaltsübliches Kochen. Krankheitserreger im Fleisch werden bei der Herstellung abgetötet. Ein weiterer Vorteil ist die praktische Vorratshaltung. Auf Reisen ist Fertigfutter die einfachste Futterlösung. Es ist nicht teurer als selbstzubereitetes Futter. Gegen Fertigfutter gibt es eigentlich nur einen Einwand: Artgemäßerweise frißt der Hund Rohes, nicht aber Gekochtes.

Dosenfutter enthält reichlich Eiweiß. Das Etikett muß genau gelesen werden: „Vollnahrung" enthält bereits pflanzliche Futtermittel und ist futterfertig. Zu „Fleischnahrung" müssen noch Flocken, Reis oder Gemüse hinzugemischt werden. Als vermeintlicher Nachteil werden vielfach die großen Kotmengen nach Verfütterung von Dosenfutter empfunden. Sie sind Folge des Rohfaseranteils und der damit verbundenen guten Darmfüllung. Geschwächte kranke Hunde reagieren bei plötzlicher Umstellung auf Dosenfutter gelegentlich mit Durchfall.

Fertigfuttermischungen aus Trockenfleisch und Nährmitteln werden mit warmem Wasser oder Brühe dickbreiig angerührt – eine unproblematische Futterzubereitung.

Trockenfutter in Keks- oder Ringform und Hundekuchen enthalten fünfmal weniger Wasser als normal feuchtes Futter. In einem Extranapf muß daher unbedingt Wasser angeboten werden. 200 g Trockenfutter haben etwa den gleichen Nährwert wie eine 850-g-Dose Vollnahrung oder 400 g Fleisch und 125 g Flocken. Zusätzliche „Leckerlis" sind Dickmacher!

Fertigfutter ist meist nach dem Bedarf erwachsener Hunde zusammengestellt. Junghunde erhalten daher als Eiweißzulage zusätzlich Fleisch oder Milcherzeugnisse oder aber gleich ein spezielles Welpen- oder Junior-Fertigfutter.

Eigener Herd . . .

Schwieriger ist es, seinen Hund mit selbstzubereitetem Futter zu ernähren. Man muß dazu einiges über Wert und Eigenschaften der Futtermittel wissen.

Fleisch ist die Futtergrundlage: Rinderpansen und Blättermagen, Herz, Fleischabschnitte, Maulfleisch, Leberabschnitte, Schlund, Milz und Nieren sind ein fast vollwertiger Ersatz für das zu teure Muskelfleisch. Euter, Lunge und „Schweineringel" sind nur bedingt und in kleinen Mengen geeignet. Besonders wertvoll ist „grüner" Pansen: Der rohe, ungereinigte Rindermagen enthält bereits vorverdaute Pflanzenteile und Vitamine, die aus den Pflanzen stammen oder im Pansen gebildet wurden. Haltbarer und weniger duftend ist der gereinigte und gebrühte „weiße" Pansen. Rohe Leber und rohe Milz haben eine abführende Wirkung und dürfen daher – je nach Kotbeschaffenheit – nur in kleinen Mengen dazugegeben werden. Geflügelinnereien und Schweinefleisch sollten stets gekocht werden. Sie könnten sonst Durchfall verursachen oder die gefürchtete Aujeszkysche Krankheit übertragen. Die Fleischgrundlage sollte stets aus verschiedenen Bestandteilen bestehen. Bei einseitiger Zusammensetzung, zum Beispiel ausschließlich Pansen, können Eiweißbausteine fehlen, die der Hund braucht.

Andere Eiweißquellen können das Futter vervollständigen. Hunde mit gesunder Leber und Niere dürfen gelegentlich unverdorbenen Fisch, frei von harten Gräten, fressen. Junghunde bis zum sechsten Monat können täglich eine mit Milch hergestellte Mahlzeit erhalten. Bei älteren Junghunden muß Kuhmilch verdünnt werden. Erwachsene Hunde erhalten – wie in der Natur – keine Milch. Sie können den Milchzucker nicht verdauen, der Darminhalt wird dadurch zu weich. Hauterkrankungen können die Folge sein. Besser als Kuhmilch sind Welpenmilch-Präparate, die auch von älteren Hunden vertragen werden. Auch rohes Eiklar kann der Hund nicht richtig verdauen. Rohes Eigelb ist dagegen vor allem für junge und kranke Hunde gesund und bekömmlich. Gekochte und gebratene Eier verträgt jeder Hund. Viele Hunde mögen auch Magerquark – eine wertvolle Ergänzung hochwertigen Eiweißes – besonders für Junghunde. Käse ist entgegen Vorurteilen nicht schädlich. Käserinden, Wurstpellen, Geräuchertes und Gewürztes gehören aber nicht in den Hundenapf.

Einkaufsmöglichkeiten für Futterfleisch bieten Hundefutterhandlungen und Fleischereien sowie Zoogeschäfte und Supermärkte. Frisches Futterfleisch ist leicht verderblich und sollte auch bei Kühlung nicht länger als zwei Tage aufbewahrt werden, gekochtes hält sich ein bis zwei Tage länger. In der Gefriertruhe kann man Fleisch etwa drei Monate aufbewahren, zweckmäßigerweise in dicht schließenden Kunststoffbeuteln portionsweise verpackt.

77

Die Zubereitung des Futters erfordert nur geringen Aufwand. Da der Hund sein Futter nicht kaut, sondern schlingt, wird das Fleisch in maulgerechte Happen geschnitten, aber nicht wie Hackfleisch zerkleinert. Viele Hundefutterhändler nehmen dem Käufer diese Arbeit ab. Das frische oder aufgetaute Fleisch wird mit heißem Wasser angebrüht. So bleibt es innen roh, wird aber leicht erwärmt. Eiskaltes Futter ist Gift für den Hundemagen.

Als pflanzliche Ergänzung können gekochte Haferflocken, Graupen oder Reis hinzugegeben werden. Einfacher geht es mit „Hundeflokken", einem Gemisch getoasteter und daher verdaulicher Getreideerzeugnisse mit ausreichendem Rohfasergehalt. Zwei Maß Flocken werden einem Maß Fleisch mit warmem Wasser hinzugemischt. Das Futter soll dickbreiig, nie suppig sein. Junghunde erhalten Flocken und Fleisch zu gleichen Raumteilen. Von Fall zu Fall sollen die Flocken ganz oder teilweise durch Gemüse ersetzt werden, das mit einer Gabel zerdrückt wird. Es schadet nichts, wenn Essenreste leicht gesalzen sind. Der Hund braucht Kochsalz für eine einwandfreie Nierentätigkeit. Hülsenfrüchte und Kohl gehören allerdings nicht ins Hundefutter. Sie sind schwer verdaulich und verursachen Blähungen.

Rohkost, insbesondere fein zerkleinerte Möhren und Äpfel, sind eine sättigende und vitaminreiche Futterergänzung. Auch gehackte Petersilie oder Kresse und frische Obst- und Gemüsesäfte können das Vitaminangebot vervollständigen.

Zur Versorgung mit ungesättigten Fettsäuren – wichtig zum Beispiel für Haut und Haar – kann dem Futter einmal wöchentlich ein Teelöffel Pflanzenöl zugesetzt werden. Auch eine Scheibe Brot mit Pflanzenmargarine ist eine vorzügliche Ergänzung, insbesondere gut durchgebackenes Roggenbrot. Brot soll aber nie eingeweicht werden.

Für den Junghund ist eine ausreichende Vitamin-D-Versorgung zur Verhütung der Knochenweiche (Rachitis) besonders wichtig. Überdosierungen sind aber schädlich. Anstelle des Lebertrans sollten daher genau dosierbare Vitamin-D-Präparate nach tierärztlicher Verordnung gegeben werden. Bierhefe – Bestandteil vieler Hundeflocken – enthält auch B-Vitamine. Für den jungen Hund ist „Futterkalk" für Wachstum und Knochenbau unerläßlich. Aber auch der erwachsene Hund braucht eine Mineralstoffergänzung, weil selbstzubereitetes Futter nicht alle Stoffe in ausreichender Menge enthält. Speziell für den Bedarf des Hundes zusammengestellte Mittel sind besser und billiger als Kalktabletten für Menschen.

Junger roter Cocker

Knochen enthalten Mineralstoffe, sind aber schwer verdaulich und können hartnäckige Verstopfungen verursachen. Ihr Wert liegt vor allem in der Gebißpflege und der „Gymnastik" für die Kaumuskulatur. In Maßen können daher Hunde mit gesunden Zähnen Kalbs- oder Rinderknochen erhalten. Hundekuchen oder Kauknochen aus Büffelhaut erfüllen allerdings den gleichen Zweck. Ältere Tiere mit Verdauungsproblemen oder Zahnkrankheiten müssen auf Knochen verzichten. Harte Röhrenknochen, vor allem von Geflügel, können splittern und Darmverletzungen verursachen. Kotelettknochen können in der Speiseröhre steckenbleiben. Sie gehören in den Mülleimer.

Fastentage müssen wildlebende Fleischfresser oft einlegen. Für Hunde mit Übergewicht ist ein Fastentag in der Woche ein probates Mittel zum Abnehmen. An den übrigen Tagen darf er sich einmal täglich sattfressen. Die fettarme Fleischgrundlage wird allerdings mit nährstoffarmer Lunge gestreckt, und statt Flocken gibt es Weizenkleie und Rohkost. Einfacher, aber teurer ist Diät-Fertigfutter.

Wasser, immer frisch und sauber, nie eiskalt, muß dem Hund ständig zur Verfügung stehen. Ein gesunder Hund trinkt zwar bei normal

79

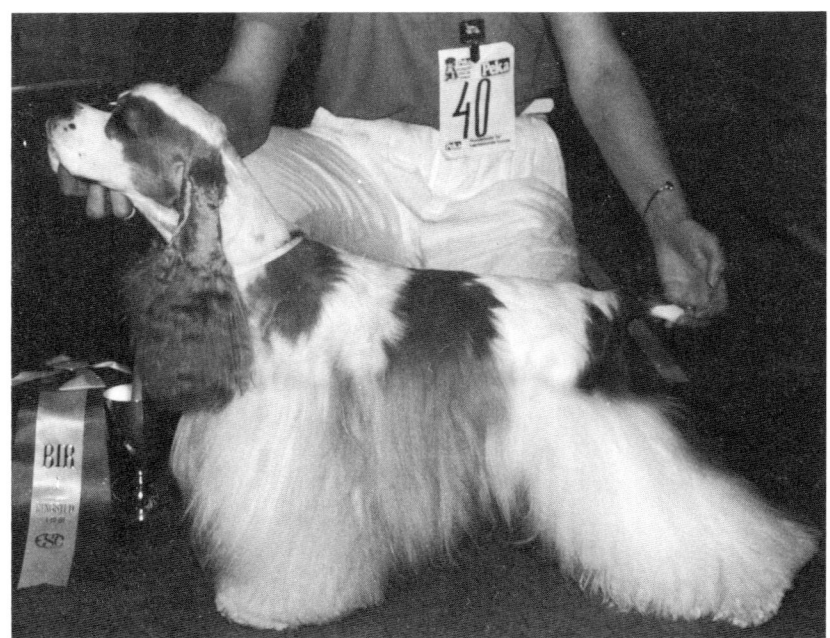

Vorführen bei der Schau

feuchtem Futter kaum, muß aber doch bei Hitze, nach Anstrengungen oder zu bestimmtem Futter seinen Durst löschen können. Ständig stark vermehrter Durst ohne erkennbaren Grund ist ein Krankheitszeichen.

Patentrezepte

Fragt man zehn Hundeexperten, erhält man sicher wenigstens neun „bewährte, für diese Rasse einzig richtige" Ernährungsanleitungen, von denen acht völlig richtig sind. Trotz aller Erfahrung und wissenschaftlicher Akribie gibt es gottlob viele Möglichkeiten, seinen Hund artgemäß und ausreichend zu ernähren. Man muß nur die angeführten Ernährungsregeln mit etwas Verständnis beachten – sei es mit Fertigfutter, sei es mit einem eigenen, auf Haushalt, Hund und Geldbeutel abgestellten Spezialrezept, sei es auch mit beidem.

Gesundheit

Vorbeugen ist besser als Heilen

Artgerechte Haltung, Pflege und Ernährung sind Voraussetzungen für die Gesundheit. Das seelische Wohlbefinden des Hundes ist so wichtig wie das körperliche. Der gesunde Hund nimmt aufmerksam und lebhaft Anteil an seiner Umgebung. Er ist kräftig und ausdauernd. In der Ruhe atmet er 10- bis 20mal, das Herz schlägt 70- bis 100mal in der Minute. Die Körpertemperatur liegt um 38,5 °C. Gesundheit ist nicht nur „Freisein von Krankheiten", sie schließt auch Widerstandskraft gegen Infektionen ein.

Das Haarkleid schützt nicht nur gegen Wind und Wetter. Ein glattes, glänzendes, dicht anliegendes Deckhaar ist auch Zeichen von Gesundheit. Darunter wärmt ein dichtes, wolliges Unterhaar. Der Spaniel soll täglich mit einer Spezialbürste gestriegelt werden. Ein Kamm mit zu eng stehenden, scharfen Zinken wird nicht benutzt. Damit könnten auch gesunde Haare ausgerissen und kleinste Hautverletzungen verursacht werden. Besonders wichtig ist das Bürsten während des Haarwechsels im Frühjahr und zum Winteranfang. Dann geht die Unterwolle manchmal in dichten Büscheln aus. Durch Baden kann der schützende Säuremantel der Haut zerstört und das Haar entfettet werden. Der Spaniel wird deswegen nur ausnahmsweise gebadet, zum Beispiel wenn er sich nach Hundeart in Aas oder Kot gewälzt hat. Dann wird er lauwarm geduscht und mit Hundeshampoo oder mildem Haarwaschmittel, nie jedoch mit Seife oder Spülmittel gewaschen. Nach gründlichem Ausspülen wird das Fell trockengerieben. An einem warmen, zugfreien Ort muß das Fell trocknen, ehe der Hund wieder hinaus darf.

Etwas ganz anderes ist das Baden in freier Natur. Spaniel sind gute und häufig begeisterte Schwimmer. An heißen Sommertagen sei ihnen eine Erfrischung gegönnt. Die natürlichen Schutzeinrichtungen von Haut und Haar werden sie vor Erkältungen bewahren.

Stumpfes Haar, ständiger Haarausfall und starker Geruch deuten auf innere Erkrankungen hin. Die Haut soll frei von Schuppen und Rötungen sein, kein Juckreiz soll den Hund plagen.

Flöhe, Läuse und Haarlinge kann auch der gepflegteste Hund von einer Hundebegegnung mitbringen. Bei Juckreiz wird als erstes die Haut auf Flohstiche – bis zu linsengroße, geschwollene Rötungen – und das Fell auf Parasitenkot – kleine schwarze Pünktchen – abgesucht. Lieblingssitze der ungebetenen Gäste sind die Innenflächen der Hinterbeine, die Achselhöhlen und die Ohrmuscheln. Bei leichtem Befall genügt ein Flohpuder oder -spray. Wirksamer sind Waschlösungen, die das Fell bis auf die Haut benetzen, oder verschreibungspflichtige Mittel, die auf die Haut getropft werden und bis zu vier Wochen wirken. Das Ablecken solcher Mittel muß aber unbedingt verhindert werden. „Anti-Floh-Halsbänder" geben bis zu vier Monaten gas- oder puderförmige Wirkstoffe ab. In Hundehütten können bei einigen Halsbändern Giftgaskonzentrationen auftreten, die auch für den Hund bedenklich sind. Manche Halsbänder verlieren zudem durch Nässe an Wirksamkeit. Bei Flohbefall muß immer das Lager des Hundes mitbehandelt werden. Moderne Spezialmittel töten dabei nicht nur „erwachsene" Flöhe, sondern stoppen auch die weitere Entwicklung der Flohlarven. Hundedecken werden am besten ausgekocht, Teppiche regelmäßig gesaugt und Stroh in der Hütte gewechselt.

Zecken lassen sich aus dem Gebüsch auf den Hund fallen, beißen sich in der Haut fest und saugen sich mit Blut voll. Sie sehen dann wie prallgefüllte graubraune bis zu kirschkerngroße Säckchen aus. Je länger sie saugen, desto größer ist in bestimmten verseuchten Gegenden die Gefahr, daß eine für Hunde gefährliche Infektionskrankheit, die Borreliose, übertragen wird. Deshalb sollten Zecken so rasch wie möglich entfernt werden. Sie dürfen aber nicht einfach ausgerissen werden, weil dabei die Beißwerkzeuge in der Haut steckenbleiben und Entzündungen verursachen können. Am besten erfaßt man die Zecke mit einer Spezialpinzette und hebelt sie drehend aus der Haut heraus. Man kann sie aber auch mit Alkohol, „Desinsektspray" oder in Öl eingehüllt betäuben und dann herausdrehen, sofern sie nicht innerhalb einer halben Stunde abgefallen ist.

Die Ohren sollten alle vier Wochen gereinigt werden. Mit Wattestäbchen kann man das Trommelfell zwar kaum verletzen, das Ohrenschmalz aber in der Tiefe zusammenstopfen. Besser ist ein alkoholischer Ohrreiniger, der randvoll ins Ohr eingegossen und bei zugedrückter Ohrmuschel durchmassiert wird. Das gelöste Ohrschmalz kann der Hund dann selbst ausschütteln, vorzugsweise im Freien. Dunkle, übelriechende Beläge im Ohr zeigen eine Entzündung an. Meist wird sich der Hund dann auch am Ohr oder – scheinbar – am

*Am häufigsten
zu sehen: die Roten*

Halsband kratzen und den Kopf schütteln. Ursache des „Ohrenzwanges" können Ohrmilben, Grasgrannen oder andere Fremdkörper sowie Bakterien und Pilze sein. Wenn zwei- bis dreimalige gründliche Reinigung mit dem Ohrreiniger keine Besserung bringt, ist eine gezielte Behandlung erforderlich.

Die Augen werden mit einem Stückchen Mullbinde oder einem Taschentuch vom „Schlaf" gereinigt. Fusseln von Watte oder Papiertaschentüchern reizen die Schleimhäute. Bindehautentzündungen können auch durch Zugluft, Staub oder starke Sonne verursacht werden. Besonders anfällig sind Hunde, deren Augenlider am Augapfel nicht eng anliegen. Zur Linderung werden Augentropfen in den heruntergezogenen Bindehautsack geträufelt. Borwasser wird heute nicht mehr verwendet, weil feine Kristalle als Fremdkörper wirken können. Länger andauernder wäßriger, schleimiger oder eitriger Augenausfluß sollte nicht mit Hausmitteln kuriert werden. Es könnte eine Infektion vorliegen. Wucherungen auf der Rückseite der Nickhaut müssen meist operativ behandelt werden.

83

Die Zähne werden durch Hundekuchen oder Knochen ausreichend gereinigt. Auch die Tortur des Zähneputzens kann Zahnstein nicht verhindern. Zur Entfernung weicher Beläge eignet sich am ehesten ein Wattebausch, getränkt mit dreiprozentiger Wasserstoffsuperoxydlösung. Zahnstein ist ein fest anhaftender brauner Belag aus verhärteten Salzen. Fauliger Mundgeruch durch Zahnfleischentzündungen und -vereiterungen sowie Zahnausfall sind die Folgen. Zahnstein sollte frühzeitig fachkundig entfernt werden. Lose Zähne müssen gezogen werden. Der Hund kann auf schmerzende Zähne gut verzichten. Nach Entfernung der Eiterherde wird er sich auch allgemein wohler fühlen, denn sie können den Körper vergiften und zum Beispiel chronische Herzklappenentzündungen auslösen. Auch Milchhakenzähne, die beim Zahnwechsel nicht ausfallen, müssen gezogen werden. Sie können zu Stellungsfehlern im bleibenden Gebiß führen.

Die Analbeutel sollen eigentlich bei jedem Kotabsatz eine individuelle Duftmarke zur Revierkennzeichnung hinterlassen. Infolge der Domestikation funktioniert die Entleerung häufig nicht richtig. Sekretstauungen sind die Folge. Den Juckreiz versucht der Hund vergeblich durch Rutschen auf dem After zu beseitigen. Dieses „Schlittenfahren" ist entgegen landläufiger Vermutung fast nie auf Wurmbefall zurückzuführen. Stark gefüllte Analbeutel müssen fachkundig ausgedrückt, vereiterte müssen tierärztlich behandelt werden.

Die Krallen werden bei regelmäßiger Bewegung auf festem Untergrund ausreichend abgelaufen. Nur bei krankhaftem Hornwachstum oder Stellungsfehlern müssen sie geschnitten werden. Dabei darf die in der Kralle verlaufende Ader nicht verletzt werden. „Wolfskrallen", Überbleibsel der an sich verkümmerten fünften Zehe an den Hinterläufen, können bei Verletzungen stark bluten. Sie sollten amputiert werden. Das geschieht üblicherweise schon bei neugeborenen Welpen.

Erste Hilfe tut not

Hautverletzungen müssen genau inspiziert werden. Oberflächliche Abschürfungen und Schrunden können mit Hausmitteln behandelt werden. Auf jeden Fall werden im Bereich der Verletzungen die Haare mit einer gebogenen Schere kurz abgeschnitten. Sie verkleben sonst mit dem Wundsekret; Vereiterung ist die Folge. Die Wunde wird mit Wundgel, -spray oder -tinktur behandelt. Fetthaltige Salben behindern den heilungsfördernden Luftzutritt, Puder verkrustet.

Bei tieferen Wunden mit Durchtrennung der Haut sollte umgehend ein Tierarzt hinzugezogen werden. Bei Beißereien und Stacheldrahtverletzungen wird die Haut oft vom Körper losgerissen, so daß tiefe Taschen entstehen. Haare und Schmutz in der Tiefe der Wunden müssen, soweit möglich, entfernt werden. Von Fall zu Fall ist zu prüfen, ob eine „offene Wundbehandlung" oder eine Naht besser ist. Nur frische Wunden können mit Aussicht auf komplikationslose Heilung genäht werden.

Eine offene, aus der Tiefe nässende oder eiternde Wunde darf der Hund belecken. In allen anderen Fällen wird die Wundheilung behindert, weil die zarten Heilungszellen am Wundrand gestört werden. Das Belecken von Wunden und das Abreißen von Verbänden können durch einen Halskragen verhindert werden. Aus einem passenden Plastikeimer wird der Boden herausgeschnitten. Die Schnittkanten werden abgepolstert, an vier Stellen durchlöchert und mit Bindfäden versehen, die am Lederhalsband festgebunden werden. Einfacher, aber teurer sind fertige Halskragen vom Tierarzt.

Wundstarrkrampf ist beim Hund selten. Impfungen sind daher nicht üblich. Zur Vorbeuge sollen Wunden ausbluten und nicht luftdicht abgedeckt werden. Wenn größere Adern verletzt sind, kommt es zu andauernden, starken Blutungen. Häufig tritt Blut im Strahl aus. Dann muß zur Ersten Hilfe ein Druckverband angelegt werden. An ungünstigen Körperstellen wie am Kopf kann auch von Hand eine Kompresse aufgedrückt werden. Gliedmaßen können abgebunden werden, die Abbindung muß aber viertelstündlich kurz gelöst werden. In solchen Fällen ist stets umgehend tierärztliche Hilfe erforderlich.

Unfälle können auch zu inneren Verletzungen und Gehirnerschütterungen führen. Bei Bewußtseinstrübungen soll nie Flüssigkeit eingeflößt werden. Die Maulschleimhaut kann aber mit Kaffee, Tee oder auch einfach mit Wasser befeuchtet werden. Der Hund wird seitlich mit tiefliegendem Kopf und herausgezogener Zunge auf einer Decke gelagert, die, von zwei Personen an den Ecken strammgezogen, auch als „Tragbahre" dient. Am Unfallort sind meistens die Diagnose und vor allem eine wirksame Schockbehandlung erschwert. Telefonisch sollte zur Vermeidung unnötiger Wege und Zeiten ein dienstbereiter Tierarzt verständigt und umgehend aufgesucht werden.

Lahmheiten können viele Ursachen haben. Als erstes wird die Pfote untersucht. Dornen oder Splitter werden ausgezogen. Verfilzte Haare drücken zwischen den Ballen wie ein Stein im Schuh; sie werden daher

85

vorsichtig ausgeschnitten. Wunde Stellen werden wie Hautverletzungen behandelt. Im Winter müssen Streusalzreste von den Pfoten abgewaschen werden. Bei Krallenbettentzündungen können warme Kamillen- oder Seifenbäder Linderung bringen. Lose Krallenteile werden an der Bruchstelle beherzt abgeschnitten. In vielen Fällen ist ein Verband erforderlich. Er muß fachkundig angelegt werden, um Druckstellen zu vermeiden.

Bei Schwellungen, Prellungen und Verstauchungen kann das Fell des betroffenen Körperteils mehrmals täglich mit kaltem Wasser durchnäßt werden. Das wirkt wie ein Kühlverband, lindert den Schmerz und hemmt – frühzeitig angewendet – weitere Schwellungen. Wenn ein Bein überhaupt nicht belastet wird, besteht Verdacht auf Knochenbruch. Bei stark abnormer Beweglichkeit können die Gliedmaßen durch eine Notschiene ruhiggestellt werden. Ein feuchtes Tuch, zwei ausreichend lange Stöcke und Binden oder Leukoplast genügen fürs erste. Die benachbarten Gelenke müssen mit fixiert werden.

Andauernde, wiederkehrende oder sich verschlimmernde Bewegungsstörungen sind stets ein Fall für den Tierarzt. Bei Junghunden können schmerzhafte Knochenauftreibungen oder Ablösungen des Ellenbogenhöckers zu Lahmheiten führen. Ältere Hunde leiden oft unter chronischen Gelenkentzündungen.

Die Hüftgelenksdysplasie (HD) ist erblich veranlagt: Eine Abflachung der Gelenkpfanne begünstigt Arthrosen und Verrenkungen. Im Alter können auch die Rückenmarkshäute verknöchern. Dadurch werden die Nerven eingeklemmt. Zunehmende Nachhandschwäche bis hin zur Lähmung ist die Folge. Relativ oft wird das Humpeln auf einem Hinterbein durch eine Ausrenkung der Kniescheibe oder durch Riß von Bändern bedingt, die operativ fixiert werden müssen.

Vergiftungen sind meist „Unglücksfälle" und nur selten böse Absicht. Rattengift kann bei unsachgemäßem Auslegen direkt, aber auch mit vergifteten Nagetieren aufgenommen werden. Meist handelt es sich um Cumarinpräparate, die zu inneren Blutungen führen. Vorsicht ist auch bei Schädlings- und Unkrautbekämpfungs- sowie bei Frostschutzmitteln geboten. Hochgiftige Thallium-, Zinkphosphid- und Arsenzubereitungen, Blausäure und Strychnin sind heute gottlob kaum noch erhältlich. Die besten Überlebenschancen bestehen, wenn man, „auf frischer Tat ertappt", das Gift wieder aus dem Magen herausbefördern kann. Der Tierarzt kann Erbrechen durch eine Spritze auslösen, der Laie durch Eingeben von zwei bis drei Teelöffeln Salz. Nach dem

86

Erbrechen kann eine Aufschwemmung von etwa zehn Kohlekompretten eingeflößt werden. Milch wird nicht gegeben, weil verschiedene Gifte fettlöslich sind. Etwa vorhandene Hinweise auf die Art des Giftes ermöglichen eine rechtzeitige, gezielte tierärztliche Behandlung. Ungewisser sind die Aussichten, wenn Vergiftungsfolgen wie Krämpfe, Mattigkeit oder Brechdurchfall schon eingetreten sind, die Ursache aber nur vermutet werden kann. Eine genaue Diagnose ist oft erst durch Spätschäden wie Blutungen oder Haarausfall möglich. Dann kann es für eine Rettung bereits zu spät sein.

Durchfall ohne Fieber bessert sich häufig nach einem Fastentag: Der Hund erhält ausschließlich stark verdünnten Tee mit einer Prise Salz, aber ohne Zucker. Zur Geschmacksverbesserung ist Süßstoff erlaubt. Zusätzlich ist es nie verkehrt, eine Aufschwemmung von Kohlekompretten einzugeben. Keinesfalls darf Durchfall mit Wasserentzug „behandelt" werden; der Körper würde zu stark austrocknen. Am zweiten Tag erhält der Hund in kleinen Portionen ein Diätfutter, zum Beispiel Beefsteakhack, Schmelzflocken und rohen geriebenen Apfel. Am dritten Tag muß der Kot zumindest wieder dickbreiig sein.

Verstopfungen lassen sich oft durch rohe Leber oder Milz oder einige Teelöffel süßer Dosenmilch beheben. Bei krampfhaft vergeblichem Drängen kann ein Mikroklistier Erfolg bringen. Bei einer Verhärtung von Knochenteilen im Enddarm hilft allerdings meist nur ein fachgerechter Einlauf.

Erbrechen ist keine selbständige Krankheit. Einmaliges Erbrechen kann durch zu hastiges Fressen, zu kaltes Futter oder Aufnahme von Fremdkörpern ausgelöst werden. Gelegentliches Erbrechen ist beim Hund ohne große Bedeutung. Um zu erbrechen, frißt der Hund häufig Gras. Geschieht dies regelmäßig oder wird ständig das Futter erbrochen, muß ein Tierarzt hinzugezogen werden. Auch Durchfall und Erbrechen mit Fieber sind kein Fall für Hausmittel.

Scheinschwangerschaft tritt bei manchen Hündinnen etwa acht Wochen nach der Läufigkeit auf. Sie sind unruhig, „bemuttern" irgendwelche Gegenstände, fressen schlecht und erbrechen gelegentlich. Das Gesäuge schwillt, Milch bildet sich. Abhilfe schafft häufig wenig Fressen und Trinken bei viel Bewegung und Beschäftigung. Das Gesäuge kann mehrmals täglich mit kaltem Wasser befeuchtet werden, um Schwellung und Milchproduktion zu hemmen. Keineswegs soll die Milch ausgedrückt werden. Damit würde nur die weitere Milchbildung angeregt. Bei sehr starker Gesäugeschwellung und trotz Hausmitteln

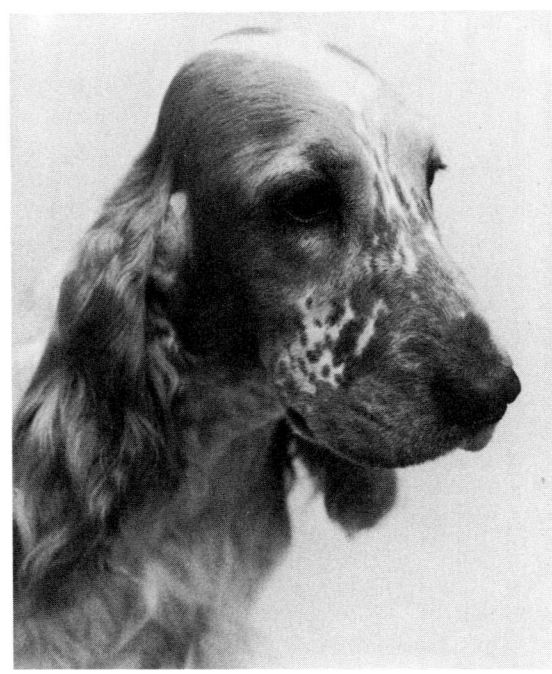

*Attraktive
Orangeschimmel-
Hündin*

nicht nachlassenden Erscheinungen muß der Tierarzt verständigt werden.

Insektenstiche, vor allem durch das Schnappen nach Wespen und Bienen verursacht, können schnell zu erheblichen Schwellungen am Kopf oder, noch schlimmer, im Rachen führen. Äußerliche Kühlung mit Eiswürfeln und eine Tablette gegen Allergie – falls zur Hand – ersparen oft nicht die möglichst rasche tierärztliche Behandlung.

Alarmzeichen

Fieber ist eine Abwehrreaktion des Körpers, meist auf Infektionen. Die Hundenase kann auch beim kranken Hund feucht und kühl sein. Die Temperatur muß mit einem Fieberthermometer, je nach „Bauart" bis zu fünf Minuten, im Mastdarm gemessen werden. Sie darf nicht über 39 °C liegen. Untertemperaturen unter 37,5 °C entstehen infolge einer Reduzierung der Stoffwechselvorgänge häufig vor dem Tod.

Husten, als ob ein Knochen im Hals säße, tritt bei Mandelentzündungen auf. Ernstere Infektionen wie Zwingerhusten oder gar Staupe könnten dann vorliegen. Pumpende Atmung entsteht durch eine Lungenentzündung, aber auch durch Wasseransammlung in der Lunge, zum Beispiel infolge von Vergiftungen. Bei alten Hunden kann der damit verbundene Husten auch auf eine Herzschwäche zurückzuführen sein. Bauchpressen und Aufblasen der Backen sind Zeichen höchster Atemnot.

Schleimhäute im Auge und im Fang geben Hinweis auf innere Erkrankungen: Blässe deutet auf Blutarmut hin, Gelbfärbung auf Leberschäden mit Gelbsucht, Blutungen auf schwere Infektionen oder Vergiftungen, eine bläuliche Färbung tritt bei Herz- und Kreislaufschwäche auf.

Kot und Urin mit Blutbeimengungen lassen schwerwiegende krankhafte Veränderungen erkennen. Bei Blutungen im Magen und in den vorderen Darmabschnitten kann der Stuhl durch das verdaute Blut pechschwarz aussehen. Nierenerkrankungen können auch mit erhöhtem Durst verbunden sein. Wenn Mattigkeit und Mundgeruch hinzukommen, ist meist bereits eine Harnvergiftung eingetreten. Harnsteine, Blasenriß oder Vergiftungen können dazu führen, daß überhaupt kein Urin mehr abgesetzt wird; dann besteht höchste Gefahr. Geschwülste, Prostatavergrößerungen und Mastdarmveränderungen erschweren den Kotabsatz. Verhärtete Knochenteile können den Enddarm völlig verstopfen. Erbrechen und zunehmende Mattigkeit bei fehlendem Kotabsatz sprechen für einen Darmverschluß oder einen Fremdkörper im Darm.

Speicheln wird im harmlosesten Fall durch Fremdkörper in der Maulhöhle oder durch lose Zähne verursacht, bedenklicher wäre eine E-605-Vergiftung oder Pseudowut, schlimmstenfalls ist an Tollwut zu denken.

Umfangsvermehrungen des Bauches bei sonst normalem Ernährungszustand oder zunehmende Abmagerung können durch Tumore oder Bauchhöhlenwasser hervorgerufen werden. Bei einer Gebärmuttervereiterung besteht gleichzeitig fast immer starker Durst, gelegentlich auch Scheidenausfluß. Eine plötzliche Aufblähung des Bauches mit Kolik und Kreislaufschwäche, bedingt durch eine Magendrehung, erfordert unverzügliche Operation. Eine Entzündung der Kaumuskeln mit Schwellung und Verhärtung sowie hervortretenden Augäpfeln muß sofort tierärztlich behandelt werden.

89

Infektionen bedrohen die Gesundheit

Staupe und ansteckende Leberentzündung (Hepatitis) sind Viruskrankheiten, die für Junghunde besonders gefährlich sind, aber auch ältere Hunde befallen. Staupe beginnt mit einem häufig kaum merkbaren, kurzen Fieber, dem nach etwa acht Tagen eine schwere Lungenentzündung mit eitrigem Augen- und Nasenausfluß oder ein Durchfall folgt. Eine besondere Verlaufsform ist mit einer Verhärtung der Ballen verbunden. Nach scheinbarer Besserung treten nervöse Erscheinungen bis hin zu Krämpfen auf, die meistens zum Tod führen. Nach überstandener Staupe bleibt häufig ein nervöses Zucken der Kopfmuskeln, der „Staupetick", nach Erkrankungen im Junghundalter das „Staupegebiß" mit erheblichen Zahnschmelzdefekten zurück.

Die ansteckende Leberentzündung verläuft ähnlich, mit hohem Fieber, Apathie und Appetitlosigkeit. Hornhauttrübungen können bleibende Folgeschäden sein.

Stuttgarter Hundeseuche (Leptospirose) wird durch Bakterien verursacht und von Hund zu Hund übertragen. Sie beginnt häufig mit einer Schwäche in den Hinterbeinen. Geschwüre im Maul, Magen und Darm sind mit aasartig-faulem Maulgeruch und blutigem Durchfall verbunden.

Tollwut tritt bei Hunden nur noch selten auf. Die Seuche wird vor allem durch Füchse übertragen. Hinweisschilder warnen in gefährdeten Gebieten vor Tollwut. Die Krankheit ist besonders tückisch: Die typischen Wuterscheinungen wie heiseres Gebell, Wasserscheue, Unruhe und unmotivierte Beißwut fehlen häufig. Die „stille Wut" ist im Anfangsstadium schwer zu erkennen. Ein erkranktes Tier stirbt immer.

Parvovirose ist bei uns in den letzten Jahren regelmäßig aufgetreten. Die Seuche wurde zunächst auf Ausstellungen verbreitet. Der Erreger ähnelt dem Katzenseuchevirus. Die Ansteckung erfolgt über die Ausscheidungen von Hund zu Hund. Bei Welpen tritt plötzlicher Herztod auf, ältere Hunde sterben nach unstillbarem, blutigem Durchfall und Erbrechen.

Impfungen schützen vor diesen Infektionskrankheiten

Welpen in gefährdeten Zuchten oder ungeimpfte Hunde mit verdächtigen Krankheitserscheinungen können mit einem Serum behandelt werden, das fertige spezifische Abwehrstoffe enthält. Diese „passive Immunisierung" schützt aber nur für zwei bis drei Wochen. Der Käufer eines Hundes sollte den Impfpaß daraufhin genau prüfen.

Länger dauernden Schutz vermittelt nur die „aktive" Schutzimpfung. Dabei werden abgeschwächte oder abgetötete Infektionserreger eingeimpft. Der Körper reagiert darauf mit der Bildung eigener Abwehrstoffe. Bei den heute üblichen Kombinationsstoffen kennzeichnen die Buchstaben S, H, L, T und P die Wirksamkeit gegen die in Frage kommenden Seuchen. Welpen werden mit sieben bis acht Wochen das erste Mal geimpft und müssen dann mit zwölf Wochen nachgeimpft werden. Bei älteren Hunden genügt eine einmalige Grundimmunisierung.

Der einmal gebildete Impfschutz baut sich im Laufe der Zeit ab. Kommt der Hund mit betreffenden Seuchenerregern in Berührung, so wird die Antikörperbildung aufgefrischt. Ist der Impfschutz aber bereits zu stark abgesunken, kann der Hund erkranken. Deshalb sind Auffrischungsimpfungen im Abstand von ein bis zwei Jahren erforderlich.

Ein sicherer Impfschutz des Hundes ist auch für den Menschen wichtig. Erkrankte Hunde können Leptospiren übertragen, die beim Menschen das „Canicola-Fieber" oder die „Weilsche Krankheit" hervorrufen. Hundetollwut ist wegen des engen Kontaktes für Menschen viel gefährlicher als Wildtollwut. Geimpfte Hunde übertragen keine Tollwut. Nach einem Kontakt mit verdächtigem Wild brauchen sie deshalb auch nicht getötet zu werden, wie dies für ungeimpfte Hunde gesetzlich vorgeschrieben ist. Schließlich können sie auf Auslandsreisen mitgenommen werden.

Gegen andere Infektionen schützt Vorsicht

Toxoplasmose wird durch einzellige Schmarotzer hervorgerufen. Ihr Stammwirt ist die Katze. Bei anderen Tieren werden ansteckungsfähige Dauerformen gebildet. Hunde erkranken überwiegend durch infiziertes Schweinefleisch. Für die Ansteckung des Menschen wurden sie früher zu Unrecht verantwortlich gemacht.

Aujeszkysche Krankheit wird ebenfalls durch Schweinefleisch übertragen. Unstillbarer Juckreiz, Unruhe, Ängstlichkeit und Speichelfluß haben gewisse Ähnlichkeit mit Tollwut. Die Krankheit wird daher auch „Pseudowut" genannt. Schweinefleisch und in der Zusammenset-

91

zung unbekannte Fleischmischungen (zum Beispiel aus Supermärkten) müssen deshalb gut durchgekocht werden. Fertigfutter und Rindfleisch sind dagegen unbedenklich.

Zwingerhusten tritt vor allem in Tierheimen und Hundehandlungen auf. Unter begünstigenden Umständen lösen Viren und Bakterien gemeinsam Entzündungen von Luftröhre und Bronchien aus. Kennzeichnend ist ein kurzer, trockener Husten. Sekundärinfektionen können den Krankheitsverlauf verschlimmern. Einen gesunden Hund kauft man mit größerer Wahrscheinlichkeit beim Züchter. Während des Urlaubs sollte man seinen Hund nicht in unbekannte Heime oder Pensionen geben oder ihn vorsorglich gegen Zwingerhusten impfen lassen.

Wurmkuren gegen unerwünschte Kostgänger

Spulwürmer können bei Junghunden zu Verdauungs- und Entwicklungsstörungen, zu Vergiftungserscheinungen und sogar zum Tod führen. Fast alle Welpen werden im Mutterleib mit Spulwürmern infiziert. Die ersten Wurmkuren soll schon der Züchter durchführen. Junghunde werden vierteljährlich entwurmt. Ältere Hunde beherbergen nur noch einzelne Würmer. Sie richten zwar keinen großen Schaden an, sind aber eine ständige Infektionsquelle. Hündinnen sollten sechs Wochen nach jeder Läufigkeit, Rüden einmal jährlich entwurmt werden. Bei festgestelltem Wurmbefall ist eine sofortige Entwurmung mit einer Wiederholungsbehandlung nach zwei bis drei Wochen erforderlich. Rohe Möhren garantieren keine Wurmfreiheit. Wirksame und verträgliche Mittel sind verschreibungspflichtig. Sie wirken auch gegen andere Rundwurmarten, zum Beispiel gegen Hakenwürmer.

Spulwürmer sind auf ihre Wirtstierarten spezialisiert; wenn der Mensch Hundespulwurmeier aufnimmt, schlüpfen zwar Larven und beginnen ihre Wanderung im Körper, sie bleiben jedoch in Organen oder Muskeln stecken und können dort schmerzhafte Entzündungen verursachen. Besonders gefährdet sind „Krabbelkinder". Wurmkuren dienen daher auch dem Gesundheitsschutz der Familie. Auf Kinderspielplätzen haben Hunde nichts zu suchen.

Bandwürmer brauchen für ihre Entwicklung stets einen Zwischenwirt. Für den Hundebandwurm ist dies der Floh. Er nimmt die Wurmeier auf, aus denen sich eine Finne entwickelt. Der Hund „knackt" den Floh – die Finne wächst im Hundedarm zum fertigen Bandwurm aus.

Mit dem Kot erscheinen nach geraumer Zeit einzelne kürbiskernförmige, anfangs noch bewegliche Bandwurmglieder oder ein längeres, deutlich gegliedertes Wurmende. Die meisten Spulwurmmittel sind gegen Bandwürmer unwirksam. Heute gibt es aber gut verträgliche und sicher wirkende Bandwurmmittel. Zur Bandwurmkur gehört stets eine Flohbehandlung von Hund und Lager.

Besonders bei Jagdhunden kann auch der „gesägte Bandwurm" auftreten, dessen Zwischenwirte Hasen und Kaninchen sind. Andere Bandwurmarten, die durch Fisch oder Wild, Rinder- oder Schafeingeweide übertragen werden, kommen seltener vor. Dazu zählt der „dreigliedrige Bandwurm", der auch dem Menschen gefährlich werden kann. Der Hund sollte zur Vorbeuge keine rohen „Konfiskat"-Innereien erhalten und daran gehindert werden, Kadaver von Wildtieren anzufressen. Für Menschen besonders gefährlich ist der vor allem in einigen Gegenden Süd- und Mitteldeutschlands verbreitete „Fuchsbandwurm", der auch durch Hunde übertragen werden kann. Neben regelmäßigen Bandwurmkuren ist es die beste Vorbeuge, den Hund in Wald und Flur anzuleinen.

Kleine Hausapotheke für den Hund

Zur Pflege und zur Ersten Hilfe sollten einige Instrumente und Medikamente bereitgehalten werden. Sie sind kindersicher, kühl und trocken aufzubewahren. Wenn unser Hund zu Reisekrankheit neigt, unter Rheuma leidet und häufiger bestimmte andere Wehwehchen hat, werden die tierärztlich verordneten Medikamente vorrätig gehalten, um auf bewährte Weise rasch helfen zu können. Vitamin- und Mineralstoffpräparate werden dort aufbewahrt, wo sie gebraucht werden: in der „Futterküche".

Zehn Tips für den Besuch beim Tierarzt

1 Nach Möglichkeit sollte der Hund in der Praxis des Tierarztes vorgestellt werden. Dort kann eine Erkrankung besser erkannt und behandelt werden.

2 Bei Verdacht auf ansteckende Krankheiten lassen Sie sich aber vom Tierarzt einen Sondertermin geben, oder bitten Sie ihn um einen Hausbesuch, um andere Hunde im Wartezimmer nicht anzustecken.

3 Mit einem unruhigen Hund wartet man besser im Auto, bis man an der Reihe ist.
4 Der Hund muß systematisch dazu erzogen werden, sich untersuchen zu lassen. Manipulationen an den Ohren, Öffnen des Fanges und Fiebermessen können geübt werden! Auf dem Untersuchungstisch muß der Hund beruhigt werden. Dazu müssen Sie selbst ruhig bleiben, erforderlichenfalls aber auch energisch werden.
5 Der Hund kann nicht sprechen. Daher müssen Sie Krankheitserscheinungen und -dauer genau schildern. Das erleichtert dem Tierarzt die Diagnose.
6 Bei Verdauungsstörungen ist die Beschaffenheit des Kotes genau zu beschreiben. Es ist nie verkehrt, eine Kotprobe, abgegangene Würmer oder Fremdkörper mitzunehmen.
7 Bei Verdacht auf innere Erkrankungen kann vorsorglich auch eine in einem sauberen Gefäß aufgefangene Harnprobe mitgenommen werden.
8 Bringen Sie auch den Impfpaß mit!
9 Notieren Sie die Behandlungsanweisungen; erfahrungsgemäß wird vieles nach der Aufregung beim Tierarztbesuch leicht vergessen oder verwechselt.
10 Denken Sie auch an den Stolz der Dame des Tierarzthauses: Verwehren Sie Ihrem Rüden das Beinheben an den Ziersträuchern im Vorgarten nach Verlassen der Praxis.

Gefahren für die menschliche Gesundheit?

Impfungen und Wurmkuren schränken Ansteckungsgefahren ein. Hygiene tut ein übriges: Selbstverständlich hat der Hund sein eigenes Lager und Futtergeschirr; beides ist peinlich sauber. Rasen und Wege werden von Hundekot freigehalten. Der Hund wird so erzogen, daß er das Gesicht nicht ableckt. Das Belecken der Hände ist Ausdruck seiner Zuneigung. Man darf sie dulden, denn man kann sich die Hände anschließend waschen. Vorsichtige können Lager, Hütte und andere hygienegefährdete Stellen und Gegenstände regelmäßig desinfizieren. Die Mittel sollen gegen Viren, Bakterien und Pilze wirken. Zur Schnelldesinfektion eignet sich ein „Desinsektspray", der auch Ektoparasiten abtötet. Besonders angezeigt sind solche Maßnahmen, wenn der Hund eiternde Wunden, Ekzeme, Furunkel oder eine Vorhaut-,

Zahnfleisch- oder Mandelentzündung hat. Diese Infektionen sind konsequent zu behandeln. Eitererreger können auch beim Menschen Komplikationen verursachen. Vorsicht ist stets bei schlecht heilenden oder sich ausbreitenden Ekzemen geboten: Räudemilben sind zwar auf Tierarten „spezialisiert", können jedoch auch beim Menschen jukkende Hautrötungen verursachen. Hautpilzinfektionen sind auf Menschen übertragbar. Daher sollte man umgehend eine Spezialuntersuchung und Behandlung veranlassen. Pilzinfektionen entstehen beim Menschen in der Regel nur, wenn sich die Erreger länger als 12 bis 24 Stunden auf der Haut einnisten können. Gründliches Waschen bannt die Gefahr. Zusätzliche Sicherheit bietet ein Handdesinfektionsmittel, das nach Berührung verdächtiger Stellen oder Ausscheidungen in die Hände eingerieben wird.

Allergien sind auch durch größte Sauberkeit nicht immer zu vermeiden. Einige Menschen reagieren bei Kontakt mit Tierhaaren und -hautteilen mit Ausschlägen oder Atembeschwerden. Katzen, Meerschweinchen und Vögel sind viel öfter als Hunde die Auslöser; viele andere pflanzliche und tierische Stoffe kommen hinzu. Die Allergieursache kann von einem Hautarzt durch Spezialtests auf der Haut ermittelt werden. Auf Verdacht braucht also kein Hund abgeschafft zu werden. Und vor der Anschaffung eines Spaniels brauchen auch gesundheitsbewußte Hundefreunde nicht zurückzuschrecken.

Anschriften, die Sie kennen sollten

Bundesrepublik Deutschland
Jagdspaniel-Klub e.V.
Präsident:
Dr. Peter Beyersdorf
Zur Gotteshülfe 43
5030 Hürth-Burbach

Spaniel-Club Deutschland e.V.
1. Vorsitzender:
Herbert Klemann
Wormser Landstraße 109a
6520 Worms 22

Verein Jagdgebrauchsspaniel e.V.
1. Vorsitzender:
Bernd Krost
Kniephofstraße 26a
1000 Berlin 41

Verband für das Deutsche
Hundewesen e.V. (VDH)
Westfalendamm 174
4600 Dortmund 1

Belgien
Spaniel-Club de Belgique
Mme D. van Vucht
Hendrik Marckstraat 6
B-2600 Berchem

Frankreich
Spaniel-Club Francais
Dr. Jacques Lebrun
80, Rue de Maréchal Leclerc
F-50000 Saint-Lô

Niederlande
Nederlandse Spanielclub
Paul v. Soelen
Postbus 4121
NL-3502 HC Utrecht

Österreich
Österreichischer
Jagdspaniel-Klub
Dipl.-Ing. Fritz Jarmer
Wiener Straße 7
A-2201 Seyring

Schweiz
Spaniel-Klub der Schweiz
Dr. Urs Müller
Altlandenbergerstraße 23
CH-8494 Bauma

Weiterführende Literatur aus dem Verlag Paul Parey, Hamburg und Berlin

BEYERSDORF, P., 1981:   Dein Hund auf Ausstellungen.
                            (Neuauflage 1993 geplant)
BURTZIK, P., 1993:   Erziehung und Ausbildung des Hundes.
                            4. Auflage.
FIEDELMEIER, L., 1983:   Kauf, Pflege und Fütterung des Hundes.
                            3. Auflage.
HEGENDORF, 1980:   Der Gebrauchshund. Haltung, Ausbildung
                            und Zucht. 14. Auflage
KOBER, U., 1993:   Pareys Hundebuch. 2. Auflage.
POORTVLIET, R., 1987:   Mein Hundebuch. 2. Auflage.
QUEDNAU, F., 1987:   Rechtskunde für Hundehalter.
SCHMIDTKE, H.-O., 1984:   Gesundheitsfibel für Hunde. 2. Auflage.
WEIDT, H., 1993:   Der Hund, mit dem wir leben:
                            Verhalten und Wesen. 2. Auflage.

Bildnachweis

Seiten 15, 80   Maria Hutsteiner, Katsdorf/Österreich
Seiten 21, 29, 45, 61, 64   Anita Kolkmann, Hoerstgen
Seiten 24, 49, 70   Archiv Jagdspaniel-Klub
Seiten 27, 59   Alexander Prochazka, Heimerzheim
Seiten 37, 88   Willy Zapf, Wiesbaden-Schierstein
Seite 93   Bacillolfabrik Dr. Bode & Co.

Die übrigen Abbildungen stammen vom Verfasser.